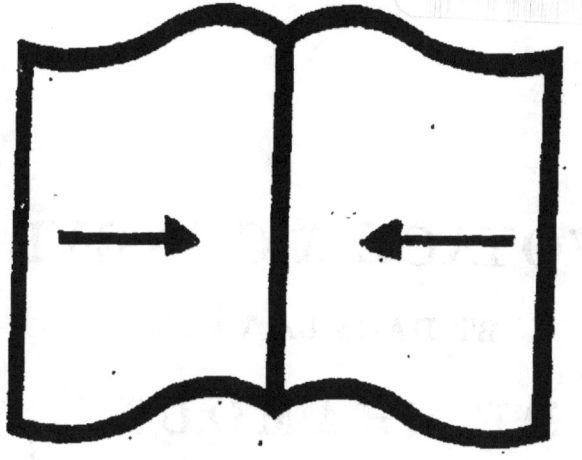
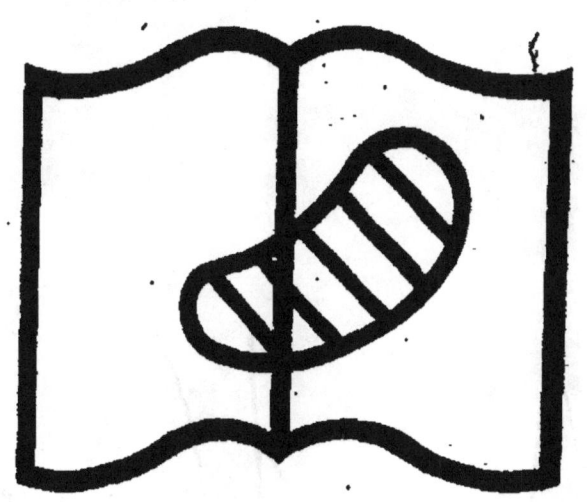

Original illisible
NF Z 43-120-10

"VALABLE POUR TOUT OU PARTIE
DU DOCUMENT REPRODUIT".

VOYAGE A GENÈVE
ET DANS LA VALLÉE
DE CHAMOUNI,
EN SAVOIE.

A DIJON,
DE L'IMPRIMERIE DE FRANTIN.

H.ce B.ct Desaussure
né à Genève, le 17. février 1740,
mort le 22. Janvier 1799.

VOYAGE A GENÈVE

ET DANS LA VALLÉE

DE CHAMOUNI,

EN SAVOIE;

Ayant pour objet les Sciences, les Arts, l'Histoire, le Commerce, l'Industrie, les Mœurs des habitans, etc. etc.

Par P. X. LESCHEVIN, membre des Académies de Dijon, Turin et Besançon; des Sociétés des Sciences naturelles de Wétéravie; de Physique et d'Histoire naturelle de Genève; d'Histoire naturelle et de Minéralogie d'Iéna; des Sciences et Arts de Grenoble, Lille et Trève; et des Sociétés d'Agriculture et de Pharmacie de Paris.

Sine doctrina vita est quasi mortis imago.
CATON. Distich.

A PARIS, CHEZ A. A. RENOUARD,
RUE SAINT-ANDRÉ-DES-ARCS.

A GENÈVE, CHEZ GUERS, RUE DE LA
FUSTERIE.

1812.

INTRODUCTION.

Depuis que les travaux de M. Desaussure, les observations des autres savans Genevois et les écrits de M. Bourrit, ont rendu célèbres, dans toute l'étendue de l'Europe, les glaciers de Chamouni, il arrive, chaque année, dans la vallée de ce nom, un grand nombre d'étrangers des deux sexes, attirés par le desir de jouir des magnifiques aspects que présente cette partie de l'ancienne Savoie. Les naturalistes viennent y enrichir leurs herbiers de plantes superbes qui appartiennent à tous les climats, ou y vérifier les hypothèses brillantes, les profondes théories que l'étude de ces montagnes a fait naître; les artistes y remplissent leurs porte-feuilles de belles esquisses, de points de vue admirables; les hommes doués de sensibilité accourent s'y reposer au sein de la nature, du fracas des grandes cités, et comparer son désordre apparent avec le désordre trop réel de la société. Quelques personnes, il est vrai, sur lesquelles la mode exerce un empire tyrannique, se rendent à Chamouni, pour pouvoir le dire le reste de leur vie, et parler du courage et du sang froid dont elles ont fait preuve, dans les prétendus dangers qu'elles ont courus sur les glaciers; mais ces personnes sont forcées de convenir, qu'en les y conduisant, la mode a eu un résultat différent de celui qu'elle produit ordinairement, qu'elle leur a procuré des jouissances réelles, que le voyage leur a fait retrouver en elles-mêmes des facultés dont elles se croyoient dépourvues; qu'enfin elles en sont revenues meilleures.

Tous ceux qui ont parcouru les hautes montagnes, savent quelle heureuse influence elles exercent sur les sensations des hommes qui y sont transportés. Cet effet naturel de l'air que l'on y respire, et de la grande perspective que l'on a sous les yeux, a été exprimé avec vérité par plusieurs voyageurs habitués à bien observer (1); mais personne ne l'a dépeint avec plus d'éloquence que l'illustre citoyen de Genève. « C'est, dit-il (2), une impression générale qu'éprouvent tous les hommes, quoiqu'ils ne l'observent pas tous, que sur les hautes montagnes où l'air est plus subtil, on se sent plus de facilité dans la respiration, plus de légéreté dans le corps, plus de sérénité dans l'esprit; les plaisirs y sont moins ardens, les passions plus modérées; les méditations y prennent je ne sais quel caractère grand et sublime proportionné aux objets qui nous frappent; je ne sais quelle volupté tranquille, qui n'a rien d'âcre et de sensuel. Il semble qu'en s'élevant au dessus du séjour des hommes, on y laisse tous les sentimens bas et terrestres, et qu'à mesure qu'on

---

(1) MM. Desaussure, Ramond, etc.
(2) Nouvelle Héloïse, lettre xxIII.

approche des régions éthérées, l'ame contracte quelque chose de leur inaltérable pureté. On y est grave sans mélancolie, paisible sans indolence, content d'être et de penser; tous les desirs trop vifs s'émoussent; ils perdent cette pointe aiguë qui les rend douloureux, ils ne laissent au fond du cœur qu'une émotion légère et douce; et c'est ainsi qu'un heureux climat fait servir à la félicité de l'homme, les passions qui font ailleurs son tourment. Je doute qu'aucune agitation violente, aucune maladie de vapeurs pût tenir contre un pareil séjour prolongé; et je suis surpris que des bains de l'air salutaire et bienfaisant des montagnes ne soient pas un des grands remèdes de la médecine et de la morale. »

Cependant, malgré tout ce qu'offre d'attrayant la vallée de Chamouni, quoique l'affluence des étrangers y soit favorisée par de belles routes, de bonnes auberges, etc. il est naturel de penser que, sans le voisinage de

Genève, cette affluence seroit moins considérable. Le tour de son superbe lac bordé d'élégantes habitations, de jolies villes, de villages riches et florissans, est déjà un des plus charmans objets de voyage que l'on puisse se proposer. Si l'on envisage en outre les avantages de sa position et les agrémens de son séjour, on sera tenté de croire que la visite des glaciers de Chamouni est considérée par un grand nombre de voyageurs, comme un accessoire, et que c'est principalement la ville et le pays de Genève qu'il ont pour but de connoître en sortant du lieu de leur résidence.

La relation que j'offre aujourd'hui au public n'a point été dictée par la ridicule vanité de l'occuper de moi, mais par la pure intention de rendre mon voyage, et quelques recherches auxquelles il m'a conduit, utiles aux étrangers qui me suivront dans les lieux que j'ai parcourus. Ayant eu l'occasion de passer par Genève, il y a quelques années, tout ce que j'avois pu apercevoir par un coup d'œil jeté très rapidement sur ses embellissemens, ses environs, ses établissemens publics, m'avoit inspiré un violent désir de revenir dans une ville où tout est fait pour intéresser les hommes qui recherchent en voyageant l'agrément uni à l'instruction. Mon goût pour l'histoire naturelle, rendoit inséparable de ce desir, celui de visiter la vallée de Chamouni, et ses beaux glaciers que j'avois à cœur de comparer avec ceux que j'avois déjà visités dans d'autres parties des Alpes. Retenu par des occupations et des devoirs, je cherchai vainement, depuis cette époque, une circonstance qui me ramenât à Genève; mais en octobre dernier (1), ma confiance dans les lumières de M. le docteur Odier, qui passe, avec raison, pour l'un des plus savans médecins de l'Europe, me porta à me rendre auprès de lui, pour

---

(1) 1810. L'impression de cet ouvrage, retardée par les formalités préliminaires, a été commencée en 1811.

le consulter sur la santé de mon épouse, et sur une maladie cruelle qui a déjà fait des victimes dans ma famille, et dont je pensois avoir des motifs de me croire atteint. J'en profitai pour exécuter le projet que je nourrissois depuis si long-temps, et j'employai du mieux qu'il me fut possible le temps que je passai dans cette ville, avant de partir pour les glaciers, et après en être revenu. J'ai saisi avec plaisir l'occasion qui s'est présentée, de donner dans cet écrit, un témoignage public de ma vive reconnoissance, aux savans illustres de Genève qui m'ont honoré du plus bienveillant accueil.

Mais en cherchant à me rendre utile par la publication de cet ouvrage, je n'ai pas eu la prétention de remplacer ceux qui ont déjà paru sur les mêmes contrées. Les écrivains qui m'ont précédé, n'ont offert à la curiosité des voyageurs que les sites remarquables et les phénomènes naturels. J'y ai réuni des notions sur l'histoire de ce pays, son état ancien, ses habitans, son commerce, son industrie, etc. Enfin, je n'ai négligé aucun des rapports sous lesquels il peut intéresser. La liste suivante présente l'indication des ouvrages, ou des mémoires particuliers qui ont été publiés sur cette partie des états de la Savoie, ou dans lesquels il est parlé avec une certaine étendue, de son histoire, de ses productions, de ses phénomènes, etc.

I. *Strabo, de situ orbis;* lib. IV *et passim.*

II. *C. Plinii secundi, historia mundi;* lib. III, cap. xx. De Alpibus et gentibus Alpinis, *et passim.*

III. *Chorographie des lieux remarquables qui dépendent de la domination du Duc de Savoie, tant en deçà qu'en delà les monts; par J. Delex.* Chambery, Fr. Pomard, 1571. in-8.°

IV. *Vallesiae descriptionis libri duo et de Alpibus Commentarius; Auct. J. Simler.* Tiguri, 1574. in-8.°

It. cum appendice, seu novis additionibus. Lugd. Batav., Elzevier, 1633 in-24.

V. *Poëme français sur la Savoie, sur l'industrie et le caractère de ses habitans; par M. J. Pelletard.* 1600.

VI. *Généalogie de la maison de Faucigny; description historique de la Baronnie du même nom, de la vallée et de l'Abbaye de Siz, avec le catalogue de ses Abbés; par M. de Nantbruide.* Annecy, 1640. in-....

VII. *Corona reale di Savoia, di Fr. Agost. della Chiesa.* Cuneo, 1655. in-4.º

VIII. *Méthode facile pour apprendre l'histoire de Savoie, avec une description historique de cet État.* 1697. in-12.

IX. *Théâtre des États du Duc de Savoie et de Piémont, traduit du latin de J. Blaëu.* La Haie, Moetjens, 1700. 2 vol. in-fol.

X. *Relations des premiers voyages faits aux Glaciers de la vallée de Chamouni, en 1742. Mercure Suisse,* de Neufchatel; mai et juin 1743.

XI. *Instructions pour M. De***, contenant une description de la Sa-*

voie, l'abrégé de l'histoire de ses Souverains, et quelques observations sur l'histoire ancienne, par M. J. Pointet. Chambéry, Gorrin, 1761. in-12.

XII. *Histoire naturelle des Glacières de Suisse, traduite de l'allemand de M. Grouner, par M. de Keralio.* Paris, Panckoucke, 1770. in-4.° fig.

On taxe avec raison d'infidélité, les planches de cet ouvrage. Celle qui est consacrée aux Glaciers du Faucigny, n'offre pas avec eux le moindre point de ressemblance.

XIII. *Recherches sur les modifications de l'Atmosphère; par J. A. Deluc.* Genève, 1772. 2 vol. in-4.°

Cet ouvrage renferme les belles expériences que M. Deluc a faites sur le Buet, et ses observations sur d'autres montagnes des environs.

XIV. *Voyage pittoresque aux Glaciers de Savoie, fait en 1772; par M. B.* Genève, La Caille, 1773. in-12.

M. Bourrit dit que son compatriote, qui l'a gagné de vitesse, en publiant cette relation, a fait le voyage des Glaciers très précipitamment, n'en a vu qu'un seul, qu'il n'a fait, pour ainsi dire, que regarder, et a observé, en général, de la manière la plus superficielle. L'ouvrage n'est pas partout d'un excellent ton, quoiqu'assez spirituellement écrit.

XV. *Description des Glacières, Glaciers et amas de glace du Duché de Savoie; par M. T. Bourrit.* Genève, 1773. in-8.°

Cet ouvrage est le premier de ceux que M. Bourrit a publiés sur les Alpes de la Savoie. Depuis l'époque où il a paru, son auteur a suivi avec persévérance le projet qu'il avoit formé de rendre accessible aux étrangers cette partie des Alpes, et de répandre dans toute l'Europe la connoissance de leurs phénomènes. En tête du livre, est une lettre de M. Desaussure. Ce savant illustre a plusieurs fois, dans son grand ouvrage, mentionné d'une manière fort honorable, les tentatives de M. Bourrit, les routes nouvelles, les aspects qu'il a découverts, ses dessins, ses tableaux, etc.

XVI. *Description des aspects du Mont-Blanc, du côté du Val d'Aost, des Glacières qui en descendent, de l'Allée blanche, de Cormayeur, de la cité d'Aost, des Marons ou Crétins, du Grand Saint-Bernard, des réservoirs immenses d'eau au milieu des glaces, et de la découverte de la Mortine; Par M. Th. Bourrit.* Lausanne, 1776. in-8.°

L'ouvrage est dédié au Roi de Sardaigne.

XVII. *Étrennes historiques de la Savoie; par MM. Lullin.* Chambéry, Lullin.

Elles ont été publiées pour la première fois en 1776, et ont continué à paroître au commencement de chaque année, jusqu'à la révolution.

XVIII. *Relation de différens voyages dans les Alpes du Faucigny; par Messieurs D. et D.* (Deluc et Dentan). Maestricht, Dufour et Roux, 1776. in-12.

XIX. *Relation d'un voyage aux Alpes de Savoie, fait au mois d'août 1778.*

Tome V des *Lettres physiques et morales sur l'histoire de la terre et de l'homme; par J. A. Deluc.* Paris et La Haie, 1779. 5 vol. in-8°.

Ce voyage a été exécuté par MM. Deluc, fils, frère et neveux de l'auteur, M. Dentan et d'autres amateurs d'histoire naturelle. C'est sur trois relations différentes qui furent envoyées à M. J. A. Deluc, qu'il composa celle-ci.

XX. *Précis d'un Mémoire sur le mouvement progressif des glaces dans les Glaciers, et sur les phénomènes qui dépendent de ce déplacement successif; par M. Desmarest.* Journal de physique, tome XIII. 1779.

XXI. *Voyages dans les Alpes, précédés d'un essai sur l'histoire naturelle des environs de Genève; par Horace-Bénédict Desaussure, Professeur de philosophie dans l'Académie de Genève.* Neufchatel, Fauche,

1779, 1786, 1796, 4 vol. in-4.º ou 8 vol in-8.º

Cet ouvrage est le plus beau monument qui ait jamais été élevé à la science qui s'occupe de l'histoire du Globe. « Je m'estime heureux, dit Dolomieu (1), quand je puis citer quelques-unes de ces grandes et belles observations de Desaussure, dont je tiens à honneur de me déclarer l'élève, puisque ses ouvrages ont presque toujours été mes guides ; puisque j'ai appris de lui comment on pouvoit discuter les grands faits géologiques, et l'usage qu'on en devoit faire pour la théorie ; puisqu'il est un des premiers et des meilleurs Instituteurs de la science qui traite de la constitution de nos continens. »

Pour satisfaire l'impatience des savans et du public qui désiroient également la publication des deux derniers

---

(1) *Rapport fait à l'Institut national, par le cit. Dolomieu, Ingénieur des mines, sur ses Voyages de l'an v et de l'an vi.* Journal des mines.

volumes de son ouvrage, M. Desaussure en a détaché plusieurs morceaux qui ont paru dans le Journal de physique, de 1787 à 1794.

Pas une observation intéressante sur l'histoire naturelle de la route que j'ai suivie, n'ayant échappé à M. Desaussure, c'eût été une vanité ridicule à moi de chercher d'autres expressions que les siennes. J'ai donc fait usage de son texte même, et c'est le plus puissant titre de recommandation de ce livre.

XXII. *Extrait de quelques Lettres du Docteur Paccard, sur les causes de l'arrangement en arc, en feston, en coin, etc.; et de la direction oblique, perpendiculaire, horizontale des couches vraies et apparentes, etc.; et sur la manière d'imiter artificiellement les mines.* Journal de physique, tome XVIII. 1781.

Le Docteur Paccard, de Chamouni, est celui qui est parvenu le premier sur le Mont-Blanc. Il cherche à expliquer dans ces Lettres, les causes diverses des formes bizarres que l'on observe dans les couches des montagnes qui bordent la vallée de l'Arve.

XXIII. *Lettres sur la Suisse, adressées à Madame de M***, par un voyageur français, en 1781. On y a joint une carte générale de la Suisse et des Glaciers du Faucigny, la plus exacte qui ait encore paru,* etc. Genève et Paris, 1783. 2 vol. in-8.°

XXIV. *Essai géographique, suivi d'une topographie souterraine, minéralogique, et d'une docimasie des États de S. M. le Roi de Sardaigne, en terre ferme ; par M. le Chevalier Nicolis de Robilant.* Mémoires de l'Académie royale des sciences de Turin, volume de 1784-1785, *première partie.*

XXV. *Recherches analytiques sur les Schistes de Sallanches ; par M. Tingry.* Mémoires de l'Académie royale des sciences de Turin, volume de 1784-1785, *seconde partie.*

XXVI. *Nouvelle description générale et particulière des Glacières,*

Vallées de glace et Glaciers, qui forment la grande chaîne des Alpes de Suisse, d'Italie et de Savoie; par M. Bourrit. Genève, P. Barde, 1783, 1785, 1787. 3 vol. in-8.º

Les deux premiers volumes de cet ouvrage qui est connu aussi sous le nom de *Description des Alpes Pennines et Rhétiennes*, ont été présentés au Roi de France, par l'auteur. Le troisième, publié pour la première fois, en 1785, est dédié à M. de Buffon. L'ouvrage renferme de fort jolies gravures, faites sur les dessins de l'auteur, par M. Moite, célèbre graveur, et Mlle sa fille.

XXVII. *Nouveau voyage au Mont-Blanc, par M. Bourrit, fait en 1785.* Journal des Savans, janvier, 1786.

Cette tentative a été décrite par M. Desaussure, dans le second volume de ses voyages.

XXVIII. *Premier voyage fait à la cime de la plus haute montagne du continent; par M. le Docteur Paccard.* 1786.

XXIX. *Excursion dans les mines du haut Faucigny, et description de deux nouvelles routes pour aller sur le Buet et le Breven, avec une notice sur le Jardin; par M. Berthout Van-Berchem.* Lausanne, 1787. in-8.°

XXX. *Lettre de M. Deluc sur les observations faites par M. Desaussure, sur la cime du Mont-Blanc.* Journal de physique, tome XXXI, 1787.

XXXI. *Lettre de M. Pictet, Professeur de physique, à M. Delamétherie, sur une nouvelle substance minérale et sur la Molybdène.* Journal de physique, tom. XXXI, 1787.

M. Pictet avoit déjà publié en 1786, dans les *Nouvelles de la République des Lettres*, la description de cette substance qu'il venoit de découvrir dans la vallée de Chamouni.

XXXII. *Notice historico-topographique sur la Savoie, suivie d'une généalogie raisonnée de la Maison royale de ce nom, et du tableau chronologique des Chevaliers de l'An-*

nonciade; par M. J. Lullin. Chambéry, 1787. in-8.º

XXXIII. *Voyage pittoresque aux Alpes Pennines, par M. Albanis-Beaumont.* Genève, 1787. in-fol.

XXXIV. *Voyage curieux d'un Lord Anglais, en Faucigny.*

Je trouve l'indication de ce livre que je n'ai pu découvrir, dans *le Dictionnaire historique, littéraire,* etc. *des Départemens du Mont-Blanc et du Léman,* dont il sera question ci-après.

XXXV. *Itinéraire de la Vallée de Chamouni, d'une partie du Bas Valais et des montagnes avoisinantes; par M. Berthout Van-Berchem.* Lausanne, 1790. in-12.

XXXVI. *État moral, physique et politique de la Maison de Savoie.* Paris, Buisson, 1791. in-8.º

Cet ouvrage, que l'on attribue à M. le général Doppet, est une censure très sévère du gouvernement du dernier Roi de Sardaigne. On lit dans ce livre des détails fort curieux; mais, dit M. Barbier (1), le ton que l'auteur prend, avertit le lecteur de se prémunir d'une sage défiance, et de se souvenir que l'esprit de parti défigure jusqu'à la vérité.

XXXVII. *Lettre de M. Pictet, Professeur de philosophie à Genève, à M. Delamétherie, sur un Spathfluor rose octaèdre de Chamouni.* Journal de physique, tome XL. 1792.

XXXVIII. *Lettre à M. De la Lande, sur la chaleur de l'eau bouillante, la mesure barométrique du Mont-Blanc, et les variations du baromètre; par M. Deluc.* Journal de physique, tome XLII. 1793.

XXXIX. *Description des Glaciers du Faucigny, par M. Albanis-Beaumont.* 1793.

XL. *Lettre à M. Wittenbach, sur une nouvelle route pour aller sur le Buet, sur le relief de M. Exschaquet, et sur les mines de Servoz;*

---

(1) *Nouvelle Bibliothèque d'un homme de goût.* Tome IV, page 146.

par M. *Berthout Van-Berchem*. Magasin Encyclopédique, an IV, 1795. Tome IV.

XLI. *Description méthodique d'une suite de Fossiles du Mont-Blanc et des montagnes avoisinantes, faite par le C. Berthout, sous les yeux de Werner, professeur de minéralogie à Freyberg.* Journal des mines, n.º VII, an III, 1795.

Supplément à cette description. Journal des mines, n.º X.

XLII. *Mémoire pour servir à la description minéralogique du département du Mont-Blanc.* Journal des mines, n.ºˢ IV et V, an III, 1795.

A l'époque où ce mémoire a paru, une grande partie du Faucigny appartenoit au département du Mont-Blanc.

XLIII. *Voyage au Mont-Blanc, par Jérôme La Lande.* Magasin encyclopédique, an V, 1796, tom. 4.

XLIV. *Mémoire sur les variations de hauteur et de température de l'Arve, par M. Desaussure.* Journal de physique, an VI, 1798.

XLV. *Relation d'un accident fatal arrivé à un voyageur sur le Glacier du Buet; et avis aux curieux qui parcourent les montagnes et particulièrement les glaciers; par M. A. Pictet.* Bibliothèque britannique, tom. XIV, V.e année, an VIII, 1800. *Sciences et Arts.*

XLVI. *Voyage pittoresque en Suisse et en Italie, par Cambry.* Paris, an IX, 1801. 2 vol. in-8.º.

XLVII. *Extrait d'une lettre de M. Bourrit, annonçant la cinquième ascension au Mont-Blanc.* Bibliothèque britannique, tom. XX, VII.e année, 1802. *Sciences et arts.*

XLVIII. *Description des Alpes Grecques et Cottiennes, ou Tableau historique et statistique de la Savoie, sous les rapports de son ancienneté, de son étendue, de sa population, de ses antiquités et de ses productions minéralogiques; suivi d'un précis des évènemens militaires et politiques qui ont eu lieu dans cette province, depuis sa réunion à la France, en 1792, jusqu'à la paix d'Amiens, en 1802 ; par J.-F. Albanis-Beaumont.* Première partie. Paris, de l'imprimerie de P. Didot l'aîné, an XI, 1802. 2 vol. in-4.º. Atlas, grand in-folio.

Seconde partie. Paris, 1806, 2 vol. in-4.º.

XLIX. *Note sur les aiguilles rouges, dans la vallée de Chamouni ; Par F. Berger de Genève.* Journal de physique, tom. LVII, 1803.

L. *Description des Cols ou Passages des Alpes ; par M. Bourrit.* Genève, Manget, an XI, 1803. 2 volumes in-8.º

LI. *Description d'un phénomène curieux, observé sur les glaciers de Chamouni, et quelques observations auxquelles il a donné lieu, sur la propagation de la chaleur dans les fluides, adressées à la société royale de Londres ; par Benjamin, comte de Rumford.* Bibliothèque britannique, tome XXVI. IX.ᵉ année, 1804. Sciences et arts.

LII. *Lettre de J.-H. Hassenfratz,*

Ingénieur en chef des Mines, à M. Gillet-Laumont, Conseiller des Mines. Journal des mines, n.º XCIX, an XIII, 1805.

Cette lettre contient des observations sur quelques parties des Alpes, voisines du Mont-Blanc, qui n'avoient encore été ni observées ni décrites.

LIII. *Construction et usage d'un baromètre portatif destiné au nivellement, suivi des résultats des principales observations barométriques qui ont été faites dans les Alpes, le Jura, les Vosges, le Morvant, et dans les plaines qui séparent ces chaînes de montagnes ; par M. André de Gy.* Journal des mines, n.ᵒˢ CVII et CVIII, an XIII, 1805.

L'habile physicien, auteur de cet important mémoire, étoit jadis connu sous le nom du P. Chrysologue de Gy, capucin. Il étoit membre des académies de Cassel et de Besançon.

LIV. *Lettre de M. le professeur Jurine, de Genève, à M. Gillet-Laumont, membre du Conseil des mines,*

Correspondant de l'Institut. Journal des mines, tome XIX.ᵉ

Cette lettre contient des observations sur la nécessité d'une nouvelle nomenclature en géologie, et les dénominations par lesquelles son savant auteur propose de remplacer les noms de certaines roches qu'on ne peut désigner sans périphrase. On trouve, tant dans le texte que dans les notes, des remarques fort curieuses et instructives, sur la constitution de la plupart des principales montagnes qui entourent la vallée de Chamouni.

LV. *Théorie de la surface actuelle de la terre, ou plutôt Recherches impartiales sur le temps et l'agent de l'arrangement actuel de la surface de la terre, fondées uniquement sur les faits, sans système et sans hypothèse; par M. André de Gy.* Paris, 1806, in-8.º

Cet ouvrage renferme, sur l'état actuel du globe, une foule de considérations importantes et nouvelles qui presque toutes appartiennent à l'auteur. A la suite est un rapport fait à l'Institut, dans lequel sont consacrées de la manière la plus honorable, les obligations qu'a l'histoire naturelle de la terre, à M. André de Gy.

LVI. *Description et analyse d'une source thermale, découverte près Saint-Gervais, département du Léman; extraites d'un rapport fait à la Société de physique et d'histoire naturelle de Genève, par une commission de quelques membres de cette société, avec une carte topographique des environs de la source, jusques aux glaciers de Chamouni.* Bibliothèque britannique, tome XXXIV.ᵉ XII.ᵉ année. 1807. *Sciences et arts.*

LVII. *Hauteurs de plusieurs lieux, déterminées par le baromètre, dans le cours de différens voyages faits en France, en Suisse, en Italie; par Fr. Berger, docteur-médecin de Genève.* Journal de physique, tome LXIV. 1807.

Cet ouvrage compose un supplément de la plus haute importance, aux *Voyages* de M. Desaussure. Les observations qu'il contient s'étendent sur des montagnes dont personne n'avoit encore parlé, l'auteur ayant traversé leurs chaînes dans toutes les directions, et opéré avec le plus grand soin.

LVIII. *Dictionnaire historique, littéraire et statistique, des départemens du Mont-Blanc et du Léman, contenant l'histoire ancienne et moderne de la Savoie; par M. J. L. Grillet.* Chambéry, J.-F. Puthod, 1807. 3 vol. in-8.º

L'auteur plein de zèle pour la gloire de sa patrie, a employé plusieurs années à recueillir, dans les archives et les titres des communes, dans les mémoires manuscrits dont il a obtenu la communication, enfin dans les sources les plus pures de l'histoire, les matériaux de cet ouvrage d'autant plus intéressant, que beaucoup de pièces importantes ont été détruites ou dispersées par les suites de la révolution et de la guerre. On y trouve particulièrement des renseignemens précieux sur les grands hommes et les gens de lettres, qui ont illustré la Savoie, et sur leurs ouvrages imprimés ou manuscrits.

LIX. *Voyage épisodique et pittoresque, aux glaciers des Alpes; par M. F. Vernes de Genève. Deuxième édition.* Paris, 1808, in-12.

LX. *Itinéraire de Genève, des glaciers de Chamouni, du Valais et du canton de Vaud; par M. Th. Bourrit.* Genève J.-J. Paschoud, 1808, in-12.

Cet ouvrage est le dernier qu'ait publié M. Bourrit. Tous ses écrits ayant rapport aux Alpes de la Savoie, je les ai mentionnés successivement. Il a publié en outre une lettre à Miladi Craven, sur le voyage à la cime du Mont-Blanc, exécuté par M. le chevalier de Beaufoix, physicien Anglais; et une brochure sur le guide Jacques Balmat, qui a été traduite en Allemand.

LXI. *Nouvel itinéraire des vallées*

autour du Mont-Blanc, avec une carte topographique des environs de la source thermale, découverte en 1806, près de Saint-Gervais; par J.-P. Pictet. Genève, Manget, 1808, in-12.

Plusieurs recueils de points de vue pris dans les Alpes de la Savoie, par MM. Backler d'Albe, Linch, etc.

Beaucoup de voyageurs ayant terminé leurs courses en Suisse, par la visite des glaciers de la Savoie, on trouve dans plusieurs relations publiées sous le titre de *Voyage en Suisse*, des chapitres particuliers où il est traité de ces glaciers. Il existe encore dans les Mémoires des académies étrangères, et notamment dans les *Transactions philosophiques de la Société royale de Londres*, des mémoires sur les Alpes en général, ou sur quelques-unes de leurs parties. On sent qu'il m'eût été impossible de donner une indication exacte de chacun de ces travaux. Je me bornerai donc à dire que les mémoires et les observations de M. Schuckburgh, qui ont été si souvent cités par M. Desaussure, se trouvent dans les *Transactions philosophiques*. M. le professeur A. Pictet y a également inséré, volume de 1791, un savant mémoire qui contient le projet d'une mesure d'un degré de latitude et de deux degrés de longitude, dans le parallèle de Genève.

VOYAGE A GENÈVE
ET DANS LA VALLÉE
DE CHAMOUNI,
EN SAVOIE.

CHAPITRE I.er

Genève, Commerce, Industrie, Société pour l'avancement des arts, Instruction publique, Bibliothèque publique.

C'est ordinairement Genève, que les personnes qui se proposent de visiter les Alpes de la Savoie, choisissent pour le point de leur départ. Sa position, à l'embranchement des routes de la France, de l'Italie, de l'Allemagne et de la Suisse, son beau lac, ses charmantes promenades, la magnificence de ses environs; les jouissances qu'il offre aux amis des sciences et des arts, par la fréquentation de ses établissemens d'instruction, de ses savans et de ses artistes, et la vue de leurs riches collections; l'immense étendue de ses relations commerciales; les ressources enfin qu'il fournit aux étrangers pour se rendre par-tout où leurs affaires ou leurs goûts les appellent; tout les y attire et les y retient, et tel d'entre eux bien déterminé à ne s'y arrêter que le temps nécessaire pour y chercher les moyens de continuer son voyage, a été tout étonné de s'y retrouver après un assez long séjour.

Je ne décrirai pas minutieusement la ville de Genève. Outre les ouvrages publiés plus ou moins récemment, dans le but unique de la faire connoître, il est peu de Voyages en Suisse et en Italie, dans lesquels on n'en rencontre une description assez étendue; mais les changemens survenus dans sa situation politique, en en apportant dans ses intérêts, son régime administratif et dans l'état particulier de la plupart de ses habitans, la font considérer sous des aspects nouveaux, et rendent nécessaires de nouvelles indications sur les objets qui fixent le plus ordinairement les regards des voyageurs curieux d'observer et de s'instruire.

En entrant à Genève, on reconnoît sans peine, au mouvement et à l'activité qu'on y aperçoit, au nombre des passans qui se croisent dans les rues, et à leur air sérieux et occupé, que l'on aborde une place où règnent le commerce et l'industrie. On auroit même lieu de s'étonner de cette affluence, dans une ville dont la population qui excède à peine vingt-deux mille ames, est en grande partie composée d'artisans et ouvriers employés dans l'intérieur des ateliers, si l'on ne réfléchissoit qu'elle doit être attribuée au peu d'étendue de la ville et au grand nombre d'étrangers qu'elle renferme en tout temps. Au dire des habitans, ce concours étoit bien plus grand autrefois.

Tous les genres d'industrie ont été tentés à Genève, et se sont succédés tour-à-tour, suivant les circonstances qui les faisoient déchoir ou prospérer dans les états voisins. Le peu de difficultés qu'éprouvoient ces divers changemens, et la promptitude avec laquelle étoient levés les obstacles qui résultoient du manque d'ouvriers, de leur inhabileté, du défaut de matières, etc., sont des preuves du caractère entreprenant des Genevois, de leur adresse, de leur aptitude aux affaires et de leur disposition à réussir dans tous les arts. Le besoin d'employer utilement, pour leur fortune, ces heureuses facultés, le desir d'augmenter les relations de leurs comptoirs, et de leur procurer des correspondances plus sûres, conduisent un grand nombre d'entre eux à consacrer une partie de leur vie à des établissemens dans les pays étrangers. Il n'est peut-être pas de grandes places de commerce, tant en Europe que dans les autres parties du monde, où il ne se trouve des Genevois, ayant des rapports plus ou moins directs avec leur patrie, ou exerçant des arts ou des professions.

L'Imprimerie, introduite dans leur ville, en 1478, (1), a continué à y fleurir pendant une longue suite d'années, et a fourni à de grandes entreprises; mais déjà plusieurs années avant la réunion de Genève à la Fran-

---

(1) Plusieurs livres, dont la date est certaine, ont été en effet imprimés à Genève, en 1478. Cependant M. Senebier cite dans son *Histoire littéraire* de cette ville, un manuscrit dont il ignore l'auteur, et dont il est vrai, il ne garantit pas l'exactitude, mais dans lequel il a lu que les *Franchises* d'Adhemar Fabri, avoient été imprimées à Genève, en 1454. Quoi qu'il en soit, la première imprimerie établie en Suisse, a été celle de Genève, et ses succès furent si rapides, que la librairie y devint une branche considérable de commerce. On connoît les beaux ouvrages qui sont sortis de dessous les presses de MM. de Tournes et Cramer.

ce, cet art ne s'exerçoit plus guères que sur des objets de détails, et les tentatives faites à diverses reprises pour le relever par le secours de la gravure en taille douce, avoient été sans succès. Des fabriques de draps, de toiles, de rubans, de velours, d'étoffes de soie, de galons et autres ouvrages analogues, en or et en argent, y ont prospéré long-temps. Les papiers peints y ont été tentés, mais n'ont pu soutenir la concurrence avec ceux fabriqués à Paris et à Lyon. Enfin l'orfévrerie, la bijouterie et l'horlogerie subsistent avec splendeur depuis un très grand nombre d'années, quoiqu'à diverses époques elles aient éprouvé, dans leur activité, quelques variations. La dernière occupe encore aujourd'hui, soit directement, soit par les professions qui s'y rapportent, un sixième de la population. On doit dire à la louange des Genevois, que dans les diverses branches d'industrie qu'ils ont embrassées, ils se sont toujours efforcés d'arriver à la perfection des procédés et des résultats, et de fabriquer non-seulement beaucoup et vîte, mais aussi le mieux possible. Une société, dont l'objet est de favoriser les recherches et les améliorations, ayant été établie en 1776, sous le titre de *Société pour l'avancement des arts;* elle n'a pas cessé de tendre, avec beaucoup de succès, vers le but de sa création, et de rendre aux arts les plus signalés services, en distribuant annuellement, ou dans l'occasion, des prix, des encouragemens et des primes, et en se livrant à toutes les expériences nécessaires, sans que la dépense l'ait jamais arrêtée.

Les établissemens d'instruction étoient plus multipliés à Genève, qu'ils ne le sont communément dans les villes de cet ordre. L'année qui suivit celle (1) où la réformation y fut généralement adoptée, fut marquée par la fondation d'un Collége pour l'enseignement des langues Grecque, La-

---

(1) 1535.

tine et Française. Vingt-trois ans après (1), une nouvelle institution non moins importante, vint signaler encore la protection que le Gouvernement, fidèle à sa devise (2), accordoit aux lettres et aux sciences ; et une Université fut créée sous le titre d'Académie. On lui attacha de nombreux professeurs qui exercèrent avec distinction. Ces deux établissemens, qui reçurent diverses améliorations par la suite, ont subsisté jusqu'à nos jours, avec une utilité constante (3); et Genève n'a rien à regretter à cet

―――――――――――――

(1) 1559.

(2) *Post tenebras lux*.

(3) Beaucoup d'étrangers envoyoient leurs enfans à Genève pour y faire leur éducation. Le Czar Pierre-le-Grand, en adressant au grand Conseil, le fils de son Ministre Lefort, lui écrivit ainsi : *Qu'il soit dans votre Académie pour se former le cœur et l'esprit, et y recevoir une éducation qui le fasse exceller dans la politique, dans l'art militaire, comme dans tous les arts libéraux*. Lefort étoit né à Genève.

égard, l'Empereur ayant, dans la nouvelle organisation de l'instruction publique, maintenu l'Académie à peu près dans l'état où elle étoit précédemment. Dans deux autres écoles qui portent le nom d'*Écoles préparatoires*, sont professés le droit, la médecine et les sciences qui y ont rapport. Le Collége n'a pas cessé d'exister.

Une ville qui prenoit un si grand intérêt aux progrès des sciences et à la propagation des connoissances, ne pouvoit négliger l'établissement qui en conserve le dépôt; aussi possède-t-elle une bibliothéque fort considérable. On porte à cinquante mille volumes le nombre des livres qui y sont contenus, calcul que je crois exagéré. Les belles éditions du quinzième siècle qu'on y voit, viennent en partie de la bibliothéque du célèbre Bonnivard (1), qui la donna en 1551, pour

---

(1) Bonnivard, Prieur de St.-Victor, homme également distingué par son caractère, son sa-

en faire le noyau d'une bibliothéque publique. Elle a été successivement enrichie par de nouveaux dons et par des acquisitions faites aux dépens de la République, et renferme une collection fort précieuse de manuscrits. M. Senebier, un des plus savans Conservateurs qu'elle ait eus, dont les lettres et les sciences déplorent également la perte encore récente, a fait connoître au public ces manuscrits, par le catalogue raisonné qu'il en a fait paroître en 1779 (1). Quoique cette riche collection soit ouverte à des jours fixes, les étrangers en obtiennent facilement et en tout temps, l'entrée de MM. les Bibliothécaires, dont on ne peut assez louer l'obligeance et la politesse.

---

voir profond et sa sagesse, et qui a rendu à la ville de Genève les plus éminens services.

(1) Genève, 1 vol. in-8.°

CHAPITRE II.

Genève, suite. Savans illustres, Observatoire, Jardin de Botanique, Collections d'histoire naturelle.

Les Savans que Genève a produits, ont autant illustré leur patrie par leurs ouvrages, qu'ils l'ont utilement servie dans les Conseils et dans les emplois publics. En apportant dans l'exercice des places, l'esprit d'analyse et la rectitude de jugement nécessaires pour parcourir avec succès la carrière des sciences, ils ont fourni et fournissent encore chaque jour de nouvelles preuves que la conduite des affaires n'est point incompatible avec les études qui conduisent au savoir. Ces hommes estimables se distinguent encore par l'excellence de leur caractère. Les rivalités, la basse jalousie, les petites passions qui rétrécissent l'ame, et nuisent aux progrès des connoissances, sont ignorées parmi eux. L'étranger qu'ils accueillent toujours avec complaisance et bonté, les voit au premier abord, ce qu'ils sont réellement. Sans cesse réunis pour coopérer de concert à l'avancement des sciences, au perfectionnement des arts, ils ne craignent pas, quand ils sont consultés, de dire tout ce qu'ils savent, de communiquer leurs idées, de mettre leurs recherches en commun. Les fonctions de l'enseignement, que plusieurs d'entre eux remplissent gratuitement, prouvent qu'ils n'ambitionnent d'autre récompense de leurs travaux, que la certitude d'avoir été utiles. Genève leur doit des institutions et des établissemens, que souvent ils ont favorisés de leur propre fortune. L'Observatoire, fondé en 1773, par M. Mallet, Professeur d'astronomie, et auprès duquel se trouve un jardin de botanique, a été rendu célèbre par ses propres observations (1) et par cel-

―――――――――――――――――

(1) Ces observations se continuent et sont publiées chaque mois dans la *Bibliothèque britannique*.

les de MM. Trembley et Pictet. C'est à M. Desaussure que les arts sont redevables de la société créée pour leur avancement.

Quoique les diverses branches des connoissances humaines aient été cultivées avec distinction par les Genevois, cependant leur esprit observateur et réfléchi semble les rendre plus propres aux sciences mathématiques et physiques, disposition que les merveilles naturelles dont ils sont entourés, ont pu faire naître, et contribuent sans cesse à entretenir. Il n'est aucune de ces sciences à laquelle ne se rattache le nom d'un d'entre eux. On a déjà remarqué qu'au milieu de cette foule d'hommes illustres, il ne s'est rencontré aucun poëte que l'on puisse citer comme supérieur, et qu'en général, le style de leurs écrivains manque de légéreté et de coloris. Cette observation, qui est fondée, n'a rien qui doive surprendre. En effet, l'éducation à Genève est toute grave et sans aucun mélange d'aménité, et rien n'est plus propre à éteindre l'imagination la plus ardente et le génie le plus poétique, que les conversations sérieuses et les discussions de politique ou d'intérêt, dont les oreilles des jeunes-gens sont rebattues depuis leur tendre enfance.

Les précieuses collections formées par leurs naturalistes, sont dignes de toute la curiosité des étrangers. En les signalant, j'acquitterai ce que je dois de reconnoissance à leurs possesseurs, pour la bonté avec laquelle ils m'ont permis de les visiter.

A leur tête, je placerai celle de M. Boissier, Recteur de l'Académie impériale et Professeur de chimie appliquée aux arts. Cette riche collection, dont M. Boissier vient de faire don à l'Académie, embrasse plusieurs parties de l'histoire naturelle, et offre une belle réunion d'oiseaux bien conservés, qui a été recueillie et lui a été cédée par M. le Professeur Jurine (1).

---

(1) La collection zoologique renferme, tant

Ses minéraux sont d'un superbe choix, et pour indiquer les morceaux rares qu'on y admire, il faudroit s'arrêter sur un trop grand nombre. Je citerai seulement un magnifique cristal de chaux fluatée rose, octaèdre, venant du Saint Gothard. Quand j'eus l'honneur d'être admis chez M. Boissier, son cœur saignoit encore de la mort de son fils, jeune homme d'un rare mérite, pour lequel il avoit rassemblé cette collection à grands frais.

Mr G. A. Deluc est très avantageusement connu, tant par les Mémoires dont il a enrichi les journaux savans, que par sa coopération au grand ouvrage de son frère (1), et à toutes ses observations sur la théorie des baromètres, thermomètres et hygromètres. Son cabinet, en grande partie com-

---

en oiseaux, qu'en insectes et en coquillages, des espèces uniques et qui manquent au Musée impérial.

(1) Lettres physiques et morales sur l'histoire de la terre et de l'homme.

posé de pièces qu'il a recueillies dans ses voyages, renferme une curieuse suite de fossiles qui proviennent des montagnes voisines de Genève, et des côtes de l'Angleterre, et parmi lesquels il en est de fort rares et d'autres qui n'ont pas encore été décrits. Auprès de cette suite, en est une autre très complette et très soignée, des coquilles naturelles analogues à celles que l'on trouve à l'état pierreux, et qui fournit à M. Deluc des pièces de comparaison. Il possède en outre une superbe collection de laves des volcans d'Italie, toute formée par lui-même, et d'autant plus instructive qu'on y voit tous les échantillons sur lesquels il base ses opinions et notamment celle qu'il a soutenue dans plusieurs écrits, de la préexistence des cristaux dans les roches que les volcans vont chercher dans les entrailles de la terre, et vomissent à l'état de laves. Lorsqu'en étudiant avec soin ces morceaux, on y applique les développemens que ce respectable vieillard donne de vive voix, on a peine à se refuser à croire que son opinion soit effectivement la mieux fondée.

Le cabinet de M. Jurine, Professeur de zoologie, à l'Université, est curieux sous le double rapport de l'insectologie et de l'histoire naturelle minérale. Ses soins pour cette intéressante collection, sont partagés par Mademoiselle sa fille (1). Ce Professeur est peut-être le naturaliste qui connoisse le mieux les Alpes de la Savoie, sur la constitution desquelles ses recherches et de profondes réflexions lui ont acquis des lumières précieuses qu'il répandra un jour. Ses découvertes sur les époques et les circonstances relatives de la formation des diverses roches confondues

────────────────

(1) Mademoiselle Jurine est Associée honoraire de la Société pour l'avancement des arts, établie à Genève. Elle dessine les insectes avec un rare talent. M. son frère est très versé dans la connoissance des diverses parties de l'histoire naturelle, et particulièrement dans la botanique.

encore sous la dénomination de roches primitives, feront envisager la géologie sous de nouveaux points de vue, si des observations plus multipliées et répétées sur d'autres points du globe, viennent les confirmer. Une lettre de M. Jurine, que l'on trouve dans le 19.ᵉ volume du *Journal des mines* (1), contient l'exposition de ses idées sur une classification et une nomenclature nouvelles qu'il propose pour les roches, et dans lesquelles il espère réunir la simplicité et la clarté de la nomenclature chimique. Il s'occupe avec assiduité de la suite de cette entreprise, pour laquelle il lui reste à faire, au chalumeau, suivant le plan qu'il s'est proposé, un très grand nombre d'essais. Mademoiselle sa fille, qui l'aide dans ce travail, y a acquis beaucoup d'habileté. Pour le rendre moins pénible, M. Jurine a tenté avec succès d'y employer le soufflet d'émailleur, et il a trouvé dans ce procé-

---

(1) *Suprà* pag. 24 et 25.

dé, le très grand avantage de pouvoir juger comparativement du degré de fusibilité des substances qu'il essaie, par le nombre de coups de soufflet qui sont nécessaires pour leur fusion, et qu'il a soin de noter exactement. Les insectes que contient la collection de M. Jurine, sont parfaitement conservés. Les coléoptères et les aptères y sont rangés suivant la méthode de Fabricius. Quant aux hyménoptères et aux diptères, il a suivi, dans leur arrangement, la savante méthode qu'il a indiquée dans son bel ouvrage intitulé : *Nouvelle méthode de classer les hyménoptères et les diptères* (1).

Quoique le cabinet de M. Tingry, professeur de chimie à l'Académie, soit bien fourni en belles substances du Dauphiné, des Alpes, d'Angleterre, etc.; cependant ce sont ses échantillons de minéraux qui font

---

(1) Genève, 1806, in-4.° fig. Les dessins qui ont servi à l'exécution des planches sont de Mll.ᵉ Jurine.

qu'on ne peut se lasser de l'admirer, et qui le rendent un des plus riches que puisse posséder un particulier. Presque tous les morceaux métalliques ont été recueillis en Allemagne, en Sibérie et ailleurs, par d'habiles minéralogistes. Plusieurs sont uniques ou au moins d'une extrême rareté. De ce nombre est un gros cristal parfaitement net et régulier, d'étain blanc. La suite des mines d'argent est particulièrement précieuse par la beauté, la rareté et la valeur intrinsèque des pièces qui toutes ont été choisies dans les mines de la Saxe et d'autres parties de l'Allemagne, par le célèbre Charpentier. M. Tingry estime que le prix réel de cette partie seule, excède dix mille francs. Comme il destinoit son cabinet aux cours de minéralogie, qu'il a faits long-temps, il s'étoit attaché à réunir les échantillons qui présentoient le plus de signes caractéristiques, et n'épargnoit aucune dépense pour y parvenir; aussi Dolomieu, son ancien ami, faisoit le plus grand cas de cette collection. Un Anglais lui en offrit trente mille francs, à une époque où elle n'étoit pas encore aussi complette qu'elle l'est devenue depuis, mais il les refusa dans l'intention de la consacrer pour toujours à l'instruction publique. Il en a effectivement traité à un prix inférieur, avec la ville de Genève.

Ce Professeur, né Français (1), mais naturalisé Genevois, a payé le titre de citoyen que Genève lui a accordé, par les importans services qu'il a rendus aux arts qu'on y exerce. On lui doit de belles applications de la chimie. Ses recherches sur les émaux, ont apporté dans cette fabrication, d'utiles perfectionnemens ; et son Traité sur les vernis (2), est généralement estimé comme un excellent ouvrage. Il est en outre auteur de plusieurs Mémoires, qui ont paru sur différens

---

(1) A Soissons.
(2) Genève, Manget, 1803. 2 vol in-8.° fig.

sujets dans les journaux savans et dans les collections académiques.

Je désirois vivement de voir M. Théodore Desaussure que j'avois déjà rencontré en Dauphiné, et de parcourir les collections de son illustre père, qu'il a conservées et augmentées, mais il étoit absent lors de mon passage. On cite encore à Genève plusieurs cabinets d'histoire naturelle, entre autres celui de M. Pictet, composé d'un petit nombre de morceaux, mais tous d'un beau choix (1), et celui de M. Gosse, pharmacien, qui embrasse les trois règnes. Le temps m'a manqué pour les visiter.

Il n'entre pas dans mon objet de re-

---

(1) M. Pictet possède un très beau cristal octaèdre de chaux fluatée rose analogue à celui qui se trouve dans le cabinet de M. Boissier, et que j'ai cité plus haut. Ce morceau vient de la base du Mont-Blanc. La couleur en est moins prononcée. Il est uni au feldspath. Voyez la lettre de M. Pictet, à M. Delamétherie, sur cette belle substance. *Journal de Physique*, tome XL. *Suprà*, pag. 20.

chercher par quelle cause cette petite ville a fourni beaucoup plus d'hommes dont les travaux honorent l'esprit humain, que de grands États, et à laquelle des influences de la religion, de la liberté, de l'éducation ou des mœurs on doit rapporter cette cause. Je compléterai (1) ce que j'avois à dire sur ce sujet, par une énumération rapide des plus célèbres. Elle cite avec orgueil, dans la théologie, Théodore de Bèze et Calvin (2), quoique étrangers, parce qu'ils ont, ainsi que quelques-uns des suivans, publié leurs principaux ouvrages depuis qu'elle les avoit admis au nombre de ses citoyens, et que les circonstances les plus remarquables de leur vie se lient avec sa propre histoire ; dans la jurisprudence, Burlamaqui, Spanheim, Hottoman et Casaubon ; dans l'histoire, Jean Leclerc et Mallet, l'historien du

---

(1) D'après Senebier, *Hist. lit. de Genève.*

(2) Calvin étoit de Noyon, et Théodore de Bèze, de Vézelay en Bourgogne.

Danemarck; dans les belles-lettres et la philosophie, les Étienne, auxquels elle avoit accordé le droit de bourgeoisie, J. J. Rousseau, qui suffiroit seul pour illustrer sa patrie, Senébier et Charles Bonnet; dans les mathématiques et la physique, Trembley, Lesage, Pictet, Deluc, Mallet; dans la chimie, Achard, actuellement professeur à Berlin, Théodore Desaussure et Tingry; dans l'histoire naturelle, Desaussure le père, Charles Bonnet, Jurine, Decandolle; en médecine enfin, Tronchin, Butini et Odier, de la Société d'Edimbourg et de l'Institut de France.

CHAPITRE III.

Genève, suite. *Antiquités, École publique de dessin, Dessinateurs, Peintres, Graveurs, Modèles en relief des montagnes.*

Les amateurs des antiquités trouveront peu d'occasions de satisfaire leur goût à Genève. Quelques inscriptions qu'on y a déterrées, et dont une partie subsiste encore dans la cour de l'hôtel-de-ville, ont été recueillies et expliquées par Spon, dans le second volume de son *Histoire de Genève*. Je citerai la suivante qui réunit la beauté de la pensée à la concision de l'expression.

VIXI VT VIVIS
MORIERIS VT SVM MORTVVS
SIC VITA TRVDITVR
VALE VIATOR
ET ABI IN REM TVAM (1).

Un petit rocher de granit, situé à l'entrée du port de Genève, porte le nom de *Pierre à Niton*. On croit généralement, et Spon est de cet avis, que c'étoit une espèce d'autel à Nep-

---

(1) J'ai vécu comme tu vis, tu mourras comme je suis mort; ainsi s'enfuit la vie. Adieu passant, et va songer à tes affaires. *Traduction de Spon.*

tune, sur lequel on allumoit de l'encens en l'honneur du Dieu.

Le Gouvernement Genevois a senti un peu tard combien il étoit important, pour la prospérité de son industrie, de former des artistes. L'établissement de l'école publique de dessin ne remonte qu'à 1751. Elle a deux professeurs pour le dessin et pour la sculpture, et ne reçoit que soixante élèves. Des prix sont annuellement distribués par la Société pour l'avancement des arts, à ceux d'entre eux qui se distinguent, et des salles sont consacrées à l'exposition publique des ouvrages des artistes sortis de l'école. On admet encore à cette exposition, ceux des amateurs.

La belle nature, les aspects ravissans des environs de Genève, les points de vue diversifiés, de tous les ordres et de tous les genres, que présentent les montagnes, ont dû échauffer le génie des artistes, en faire naître de nouveaux, et les diriger principalement vers l'imitation de ces beautés naturelles. Genève et la Suisse possèdent des dessinateurs et des peintres qui excellent à représenter les paysages, les sites pittoresques de ces contrées, les montagnes et leurs accessoires. Leurs compositions toutes pleines d'une imagination nourrie sans cesse, et trop souvent exaltée par la vue de ces merveilles, flattent et enchantent l'amateur des arts, mais s'éloignent toujours plus ou moins de la vérité, dans les représentations des montagnes sur-tout: soit impuissance de leur part, de rendre d'aussi grands effets; soit que, contraints de terminer leurs ouvrages dans l'isolement de leur atelier, il ne leur reste plus pour soutenir leur génie, que des souvenirs bien disproportionnés avec la réalité des objets; soit enfin que l'art qui prétend toujours à embellir la nature, ne parvienne jamais qu'à la rétrécir et à la gâter.

Genève a produit des artistes distingués dans les divers genres de la peinture. On peut consulter tant sur eux que sur les collections de tableaux qu'on y rencontre, la notice intéressante qu'en a donnée M. Bruun-Neergaard (1). J'ai vu chez M. Monti, marchand de tableaux et de gravures, dont la demeure est à l'hôtel de ville, de superbes dessins de MM. Larive et Topfer, excellens paysagistes. M. Linch, très bon graveur, travaille d'après ses propres dessins, et passe une partie de la belle saison à parcourir les montagnes pour y chercher de beaux sujets. Il a séjourné plusieurs semaines cette année (1810), dans la vallée de Chamouni. Les dessins à la gouache et les gravures de cet habile artiste, m'ont tous paru ne mériter qu'un seul reproche, celui de s'écarter de la vérité du modèle. On y retrouve bien les masses, mais pour l'exactitude ils ne peuvent soutenir de comparaison avec les souvenirs mêmes de l'observateur et du naturaliste, et n'obtiendront toute l'estime dont ils sont

---

(1) De l'état actuel des arts à Genève, par T. C. Bruun-Neergaard. Paris, 1802. in-8°.

dignes, que des personnes qui n'auront pas vu les objets eux-mêmes qu'ils retracent. M. Bourrit, qui prend le nom d'*historien des Alpes* (1), et dont j'aurai occasion de parler sous plus d'un rapport, a fait beaucoup de dessins de montagnes, qui ont été gravés et sont très connus. Toutes ces gravures méritent les mêmes observations, et l'on doit s'étonner qu'ayant vu les mêmes lieux un si grand nombre de fois, et avec un coup d'œil exercé à juger les distances, il n'ait pas été rappelé à la fidélité, dans ceux de ses dessins qui ont été gravés pour les cabinets ou les portefeuilles des curieux, par les parallèles répétés qu'il a été à portée de faire, et qu'il se soit laissé entraîner à son imagination et à la manie d'enjoliver comme un

---

(1) M. Bourrit rapporte que le Grand Frédéric dit ces mots au Prince Henri de Prusse, qui se proposoit de visiter Genève : *Vous n'omettrez pas à Genève, l'historien des Alpes, Bourrit.*

artiste ordinaire. Je ne connois rien de lui de vraiment estimable pour les naturalistes, que les dessins qu'il a exécutés pour le grand ouvrage de M. Desaussure, parce qu'ils sont en général d'une très grande exactitude ; et je crois très vraisemblable que ce genre de mérite est dû en partie à ce savant illustre, qui n'a pas manqué d'aider M. Bourrit de ses conseils (1). Malgré ces observations que je crois fondées et dont j'aurai plus d'une fois l'occasion d'administrer les preuves, M. Bourrit n'en demeure pas moins un artiste très distingué. Ses tableaux (2) et ses charmans dessins répandus par

(1) On doit citer comme un beau travail en ce genre, la planche 3.ᵉ du second volume des Voyages de M. Desaussure, qui a été gravée sur le dessin de M. Jallabert, Conseiller d'État de la République et ami de l'auteur. Plusieurs de celles du quatrième volume l'ont été sur les dessins de M. Théodore Desaussure, et font tout l'effet qu'il est possible d'obtenir de la gravure en noir.

(2) Il en a fait six pour le Roi de France,

la gravure dans les cabinets des gens du monde, et dans ses propres ouvrages, ont autant que ceux-ci servi à sa réputation. Ses divers écrits qui ont été imprimés plusieurs fois, et traduits dans plusieurs langues, ont puissamment contribué, et par l'exaltation d'idées même qui y règne, à étendre par toute l'Europe le desir de visiter les Alpes, et à attirer dans leurs montagnes une foule d'étrangers.

On peut voir et se procurer, à des prix assez raisonnables, chez M. le peintre Gaudin, des modèles en relief du Saint-Gothard, du Mont-Blanc, du Saint-Bernard et de la nouvelle route du Simplon, exécutés à la manière de celui des environs de Lucerne, par M. le général Pfyffer (1).

---

qui ont été placés au Jardin des Plantes, à Paris.

(1) *Voyages dans les Alpes*, §. 1944. 4.ᵉ vol. pag. 119.

CHAPITRE IV.

Genève, suite. *Édifices publics, Hôpital général, Hôtel de Ville, Église Saint-Pierre, Basses rues, Machine hydraulique, Promenades, Tour du Lac, Rhône, Arve, Roches que l'on trouve sur les bords du Lac.*

Les monumens publics ne sont pas nombreux à Genève, mais en général les constructions modernes sont d'une bonne architecture (1), et se ressentent du voisinage de l'Italie. Les trois principaux édifices sont, l'Hôpital général, l'Hôtel de ville et l'Église de Saint-Pierre. Le premier, qui est le bâtiment le plus considérable de la

---

(1) La maison Desaussure est une des plus belles de Genève.

ville, est placé dans un quartier élevé et jouit de l'air le plus pur. Il est très-spacieux, bien distribué, d'une belle architecture, et renferme un temple à son usage. Son régime est remarquable par l'adoption qu'on y a faite de tous les procédés du comte de Rumford, pour la cuisson des alimens. On y emploie aussi habituellement les fumigations acides, pour purifier l'air des salles, quand le nombre des malades l'exige. La façade de l'hôtel de ville est ornée de colonnes ; son principal escalier, soutenu par des voûtes, et pavé en cailloux, a une pente assez douce pour permettre à un cavalier et même à une petite voiture de le monter. Le temple de Saint-Pierre a été plusieurs fois incendié et reconstruit. Le tonnerre étant tombé en 1556, sur le clocher, le feu y prit et l'on employa pour l'éteindre une grande quantité de vin, par suite du préjugé répandu parmi le peuple de Genève, que le feu du ciel ne peut être éteint qu'avec du vin ou du lait (1). La façade de cet édifice se distingue par un portique de marbre, formé de six colonnes d'ordre corinthien, et surmonté par un fronton que couronne un dôme simple, mais élégant.

Ce que l'on appelle les *basses rues*, présente un coup d'œil qu'on ne retrouve dans aucune autre ville. C'est une seule rue, longue de 650 mètres (2000 pieds), coupée dans le sens de sa longueur, par trois places publiques, et divisée dans celui de sa largeur en trois rues bien distinctes, par deux rangées de boutiques construites en bois, dont la location est portée à un très-haut prix. La rue du milieu sert de passage aux voitures. Celles qui règnent, de chaque côté, le long des maisons, sont couvertes au moyen du prolongement des toits, en dômes soutenus de distance en distance, par des piliers très-élevés. Cette dispo-

---

(1) Description de Genève, par H. Mallet.

sition pourroit faire craindre aux personnes qui habitent ces rues, que les incendies y fussent fréquens et difficiles à éteindre, si elles ne connoissoient par expérience, combien sont prompts, actifs et multipliés, les secours que l'administration tient toujours prêts. Nulle part ces secours ne sont aussi bien organisés. Les machines qu'on y emploie ont été inventées ou perfectionnées à Genève. Outre le volume considérable d'eau qu'elles fournissent, elles ont encore pour but de sauver des flammes les personnes et les effets. On en fait la visite chaque année, et à la même époque les huit compagnies de pompiers qui sont toujours au complet, sont exercées à la manœuvre de ces machines (1).

―――――――

(1) Voyez le rapport de la Commission de la Société des arts, sur les moyens de secours dans les incendies, et le détail des ressources existantes à Genève, pour cet objet. *Bibliothèque britannique*. Sciences et Arts. Tome IV.ᵉ Pag. 163; 170; 182.

Les étrangers vont visiter avec beaucoup d'intérêt, la belle machine hydraulique, au moyen de laquelle les quartiers éloignés du Rhône sont pourvus d'eau. Elle produit par heure plus de 320 hectolitres (34400 pintes), qui alimentent treize fontaines publiques; et ce qui est très remarquable, on a réussi à garantir le jeu des pompes de l'effet de la gelée, et à les faire fonctionner en hiver comme en été.

Il est peu de villes qui offrent un aussi grand nombre de promenades agréables que Genève, tant au dedans qu'au dehors. Les étrangers ne peuvent se lasser de les admirer et d'y revenir. A la beauté des lieux mêmes que l'on parcourt, se joignent des aspects ravissans. Les bois, les montagnes et les eaux, réunis ou séparés, tendent en les diversifiant, à satisfaire tous les goûts différens. Celle qui dans l'intérieur de la ville, étoit autrefois la mieux entretenue et la plus ornée, portoit et méritoit le nom de *belle promenade*. Elle occupe un espace fort considérable, bien planté et divisé en compartimens treillagés, jadis pleins d'arbustes et de fleurs. Les révolutionnaires en ayant fait le théâtre des exécutions de plusieurs Genevois recommandables, généralement aimés et estimés, elle a été depuis ce temps absolument abandonnée. On regrette qu'un lieu consacré par d'aussi horribles souvenirs, soit le seul de Genève où l'on voie le buste de J.-J. Rousseau (1). Il seroit digne du noble caractère de son premier magistrat (2), de faire placer dans un endroit plus convenable, la représentation d'un homme dont le génie honore sa patrie et l'humanité.

La Treille, jolie promenade bien

---

(1) On croit que la maison où est né J. J. Rousseau, est dans la rue de *Chevelu*, qu'on appelle aussi, par cette raison, *rue de Rousseau*.

(2) M. Maurice, dont les vertus et les talens ont réuni sur lui l'estime et l'affection de tous les habitans.

plantée en maronniers, sur le haut de la colline, est très fréquentée. Sa position élevée lui donne l'avantage d'une très-belle perspective. Mais celle qui mérite d'être citée particulièrement et qui sous ce dernier rapport ne peut guère avoir d'égales dans aucun pays, est la promenade nouvelle, à laquelle la reconnoissance publique a donné le nom de *Cours Maurice*, de celui du maire actuel qui l'a créée. La magnifique vue dont on y jouit, embrasse toute la portion du lac qu'on peut apercevoir de Genève, les beaux côteaux de ses environs, et les montagnes dans le lointain. A l'extérieur de la ville, sont plusieurs endroits spacieux, garnis d'arbres et couverts de gazon, qui sont destinés à divers exercices. Celui qui est le plus habituellement fréquenté, est la place de Plain-Palais, promenade superbe, bien gazonnée, d'une grande étendue, et bordée par des allées de tilleuls. Elle sert aux exercices militaires et aux spectacles forains.

Les étrangers trouvent à Genève toutes sortes de facilités pour en parcourir les environs. Plusieurs exécutent la course qu'on appelle le *tour du lac*, et visitent successivement les jolies villes qui sont situées sur ses bords. Les charmantes maisons de campagne, répandues sur le penchant des collines qui descendent doucement jusqu'à la rive, rendent extrêmement agréables les promenades en bateaux sur le lac, qui d'ailleurs sont absolument sans aucun danger.

C'est au sein même de Genève, que le Rhône sort du lac (1), mais ses eaux d'un beau bleu saphir, ne tardent pas à perdre leur limpidité, par leur mélange avec celles de l'Arve, torrent limoneux, qui descend des monta-

---

(1) Il est démontré qu'anciennement les eaux du lac étoient beaucoup plus élevées qu'elles ne le sont aujourd'hui. Au sixième siècle, elles couvroient encore la partie inférieure de Genève, Plain-Palais et ses jardins, le quartier de Rive, les rues basses, etc.

gnes du Faucigny, et se précipite dans le fleuve, à un quart de lieue de la ville (1). Les partisans de la bonne chère font le plus grand cas des excellens poissons que l'on prend dans le Rhône, à son passage au travers de Genève. Les plus estimés sont l'ombre, le brochet, et la truite que l'on expédie en hiver à Paris, et même en Allemagne, et dont le prix est fixé en ce moment, à un franc 60 cent. le demi-kilogramme (la livre). Les plus grosses truites pèsent 20 kilogrammes (40 livres). Il se pêche aussi

―――――――――――――

(1) C'est sur les bords de l'Arve, auprès de Genève, et dans le lit que cette rivière occupoit anciennement, qu'a été découvert en 1721, le Bouclier votif, sur lequel le savant Abauzit a publié, dans le *Journal Helvétique* de 1743, une dissertation qui se trouve encore dans le 4e. tome du supplément de l'*Antiquité expliquée*.

Voyez l'intéressant mémoire de M. Desaussure, sur les variations de hauteur et de température de l'Arve, *Journal de Physique*, an VI, 1798. *Suprà*, pag. 21.

des brochets du poids de 10 kilogrammes (20 livres), mais leur qualité est supérieure, quand ils n'excèdent pas moitié de ce poids. Le droit de pêche est affermé.

L'Arve, dont je viens de parler, procure une occupation agréable aux amateurs de l'histoire naturelle, qui sans s'éloigner beaucoup de la ville, peuvent juger par la nature des fragmens de roches diverses qu'elle roule, de celle des montagnes dont elle descend. Son sable contient des paillettes d'or, dont la recherche étoit autrefois le métier de quelques individus qui dans un certain temps payoient au gouvernement le droit de s'y livrer. Il paroît que cette récolte est abandonnée aujourd'hui.

Les masses plus ou moins considérables de roches que l'on trouve sur les bords du lac, et dont les analogues n'existent en place que dans des parties des Alpes fort éloignées, fournissent encore des sujets de méditation et de recherches. La puissance qui a fait franchir des barrières si élevées à ces énormes blocs de jade avec diallage, de cornéennes, de roches feldspathiques ou amphiboliques avec grenats, etc., pour les amener là de si loin, offre un beau problême à résoudre. Je conseille aux naturalistes qui se mettront à la quête de ces belles substances, et qui désireront s'en procurer des fragmens, de se munir de masses pesantes et bien trempées, car elles sont d'une dureté étonnante, ou d'une extrême ténacité pour la plupart. C'est sur la plage, entre Vengeron et Bellevue, qu'ils rencontreront les plus intéressantes. Ceux que leurs goûts porteront vers l'étude de la botanique, ou celle de la zoologie (1),

---

(1) Les amateurs de l'insectologie trouvent chez M. Walner, la collection des insectes des environs de Genève et de plusieurs parties des Alpes. Il vient de réunir à ce commerce celui des minéraux. Sa position et ses nombreuses relations avec les naturalistes du Nord, le mettront à même de fournir à toutes les demandes qui lui seront faites.

trouveront tous les renseignemens qui leur seront nécessaires pour faire leurs récoltes, dans l'obligeante bonté de M. Jurine qui a professé ces deux sciences, et qui est en général versé dans la connoissance des diverses parties de l'histoire naturelle.

CHAPITRE V.

Genève, suite. *Agriculture, Mérinos, Bergeries de MM. Boissier, Pictet et Audéoud.*

L'agriculture des environs de Genève est très perfectionnée. Elle s'est ressentie, dans ces derniers temps sur-tout, de la disposition qu'ont les Genevois à tout faire pour le mieux possible. C'est ici que les objections triviales contre l'application des sciences à la culture des terres, sont sans force, et réfutées par l'expérience. Des hommes d'un savoir profond, habitués à tout soumettre à la réflexion et au calcul, ont dirigé leurs travaux théoriques et pratiques vers l'agriculture, et ont mis cet art précieux au niveau des sciences. Les ouvrages de M. Théodore Desaussure, sur la végétation, de M. Charles Pictet, sur les assolemens, de M. Maurice, sur les engrais, ont été accueillis avec reconnoissance, et sont connus de tous les cultivateurs instruits. *La Bibliothèque britannique*, recueil dont l'intérêt et l'utilité ont toujours été en augmentant, atteste à la fois le bon esprit qui a dirigé les recherches, les lumières de ceux qui les ont entreprises, et les succès dont elles ont été couronnées. Une lettre de M. Chancey de Lyon, qui a paru dans le cahier de décembre 1806, offre un tableau sommaire de l'agriculture Genevoise, bien suffisant pour en donner une idée.

En ma qualité de propriétaire de bêtes à laine fine, et d'ami de l'art agricole, j'avois la plus vive curiosité de visiter les grands établissemens de ce genre, que l'on trouve aux environs de la ville, établissemens sur lesquels est fondé un commerce de la plus haute importance pour le pays, et qui y a déjà fait entrer des sommes considérables. C'est à M. Charles Pictet, qu'il est redevable de ces avantages. Il a le mérite de les avoir pressentis, d'avoir hasardé de fortes avances pour donner à cette spéculation toute l'étendue dont elle étoit susceptible, et su braver les inquiétudes et le blâme par lesquels on a tenté de le détourner de l'entreprise. On compte en ce moment, à peu de distance de Genève, plusieurs troupeaux de race pure, qui peuvent rivaliser avec les plus beaux de ceux des environs de la capitale, et dont les propriétaires n'ont pas craint d'entrer dans la spéculation avec de très forts capitaux. Je n'ai pu en visiter qu'un petit nombre, et je me bornerai à en citer deux dont les individus réunissent au plus haut degré, les qualités qu'on estime dans ces animaux.

Le troupeau de M. Boissier étoit arrivé depuis quelques jours des montagnes de la Savoie (1). Les bêtes étoient un peu maigres. Leur taille est en général plus basse qu'élevée. De tous les troupeaux que j'ai vus en France, c'est celui dont les animaux se rapprochent le plus de la taille et des formes de ceux qui sont tirés immédiatement d'Espagne ; le propriétaire n'ayant pas voulu porter une attention spéciale sur l'accroissement de la taille, que l'on obtient, quand on le veut, au moyen d'une augmentation d'alimens. Il n'a visé qu'à la finesse de la laine, et est parvenu à donner, sous ce rapport, beaucoup de mérite à son établissement. Un des béliers de M. Boissier étoit particulièrement d'une finesse très remarquable.

La bergerie de MM. Pictet et Audéoud m'a paru ne pouvoir souffrir de comparaison, qu'avec la bergerie impériale de Rambouillet. Je l'ai exa-

---

(1) Au 3 novembre.

minée en détail, et sur-tout avec beaucoup d'intérêt, sans cependant avoir été assez heureux pour le faire avec MM. les propriétaires qui n'étoient pas à leur établissement, quand je l'ai visité. On a pu voir, dans la bibliothéque britannique, avec combien de soins et de dépenses M. Pictet a poursuivi son entreprise; mais pour bien juger du degré de perfection auquel il a amené ce troupeau, il faut s'en rendre témoin par ses propres yeux. Ses animaux réunissent à la plus riche taille, une extrême finesse, qualités qui, pour se trouver ensemble, exigent de la part du propriétaire, une suite d'attentions et de dépenses qui doivent avoir été prolongées pendant plusieurs années. Les femelles, toutes du plus beau choix, étoient sur le point d'agneler, et promettoient, par leur air de vigueur et leur bon état, de très belles productions. Le troupeau de béliers, qui arrivoit de la montagne pour l'hivernage, offroit une réunion de superbes individus, dont plusieurs seroient portés à des prix énormes, s'ils n'étoient pas réservés pour le service de la bergerie. Je fus à portée d'observer les animaux de cet établissement important, à tous les âges; car dans une des divisions, se trouvoit un joli troupeau d'anténoises, qui venoit d'être vendu, et qui attendoit le moment du départ. M. Pictet passe pour avoir toujours fait les placemens les plus avantageux des productions de son troupeau, et en avoir retiré de très gros bénéfices. Quoiqu'il ait en France le débouché d'un certain nombre d'animaux, cependant c'est dans le nord qu'il a fait les envois les plus considérables. Pendant mon séjour à Genève, on parloit beaucoup de l'expédition qu'il venoit de faire d'un troupeau très nombreux destiné pour les environs d'Odessa, nouvelle ville Russe, située à l'embouchure du Niester (1).

---

(1) Voyez l'intéressante Notice donnée sur Odessa, par M. Leclerc, *Annales des voyages*, XVII.ᵉ cahier.

Je ne dirai rien de l'administration intérieure de ces établissemens; j'observerai seulement que l'usage où sont leurs propriétaires de donner le bélier aux époques nécessaires pour que les femelles puissent mettre bas à la fin d'octobre ou au commencement de novembre, leur procure un double avantage. Le bénéfice le plus important de cette spéculation, étant la vente des béliers, des femelles ou des agneaux, aux personnes qui veulent l'entreprendre, et l'époque des ventes étant ordinairement le printemps, les agneaux sont sevrés à cette époque. Rien n'ayant été épargné pour leur procurer une croissance rapide, et réparer les forces des mères, les acheteurs surpris de leur vigueur et de leur taille, sont plus disposés à les acquérir aux prix qui leur sont demandés. En outre, la laine des agneaux, dont la longueur et la quantité ont pu servir à les faire paroître avec plus d'avantages, lors des ventes, prend un accroissement de valeur proportionné, quand le moment de les tondre est arrivé.

On est dans l'usage, auprès de Genève, de tondre les animaux et de vendre les laines en suint ; cependant les propriétaires, avec lesquels je m'en suis entretenu, ne m'ont pas paru partager l'opinion que le lavage à dos nu sît à la santé des bêtes à laine. L'expérience et l'observation m'ont convaincu que pour les climats tempérés, cette opinion est un préjugé. Depuis dix ans je fais, sans le plus petit inconvénient, laver à dos mon troupeau. Tous les troupeaux voisins, dont quelques-uns sont de race pure, et d'autres en état d'amélioration fort avancée, sont gouvernés de la même manière, et jamais les propriétaires n'ont eu à s'en repentir. Les marchands de laine sont amis de ce procédé, parce qu'ils sont plus à portée de connoître la qualité de la laine qu'ils achètent, et d'y mettre le prix qu'elle vaut réellement. Il existe à Genève une association qui emmagasine, lave et vend les laines en commun ; mais plusieurs propriétaires ont préféré se réserver la faculté de disposer eux-mêmes de leur lot.

Le prix des bêtes à laine, dans les grands établissemens, étoit, pendant mon séjour à Genève, de 100 à 120 francs pour les anténoises, et de 130 à 180 francs pour les femelles. Celui des béliers est très variable et ne peut être fixé. C'est la beauté des animaux, la finesse et l'abondance de leur toison qui le déterminent. On peut, pour 150 à 200 francs, obtenir un bon bélier, très propre à l'amélioration des races communes; mais pour entretenir un troupeau de race pure, il faut mettre à cette acquisition des prix plus élevés. J'en ai vu un qui a été payé 1250 francs.

CHAPITRE VI.

Genève, suite. *Caractère, Mœurs des habitans, État politique, Auberges, Domestiques de place. Départ pour Chamouni.*

Par tout ce que j'ai dit touchant les établissemens publics ou particuliers que l'on trouve à Genève, on a pu juger que l'esprit de ses habitans les porte vers tout ce qui est bon et utile. La pureté de leurs mœurs, qui en général s'est encore conservée, est autant l'effet de l'éducation et des bons exemples, que celui de leurs principes religieux, et de l'influence exercée par les ministres du culte, qui se font remarquer par leurs lumières, leur vive et persuasive éloquence, et par le zèle avec lequel ils s'acquittent de leurs fonctions (1). Les moyens

---

(1) L'éloquence de la Chaire a été cultivée à

ET A CHAMOUNI. 83

d'instruction qui sont à la portée des plus simples artisans, ont répandu parmi eux des lumières et des talens qu'on ne rencontre pas dans les autres villes, chez les individus de cet ordre.

Tout ce qu'ont fait pour les Genevois, et la nature et leur gouvernement, a dû leur rendre leur patrie infiniment chère; aussi ce sentiment si doux et si puissant sur les ames bien nées, est-il porté chez eux jusqu'à l'exaltation (2). Ceux que des affaires ou des établissemens ont appelés en pays étrangers, tournent incessamment vers Genève leurs pensées les plus chères. Tout devient pour eux l'objet d'une comparaison toujours

---

Genève avec le plus grand succès. J. J. Rousseau n'hésite pas à placer les pasteurs Genevois au rang des meilleurs citoyens.

(2) Voyez la peinture touchante que J. J. Rousseau fait de Genève, de son Gouvernement, du caractère et des mœurs de ses compatriotes, dans la belle dédicace de son discours sur l'origine et les fondemens de l'inégalité parmi les hommes.

avantageuse à leur patrie. Ils brûlent du désir d'y retourner, et en attendent l'instant avec impatience. On a vu de leurs artistes que le desir de se perfectionner avoit fixés momentanément dans des villes capitales, refuser les plus grands avantages qui leur étoient offerts pour les y retenir à demeure, revenir apporter à leur ville natale le tribut de leurs talens, et y vivre dans une heureuse et paisible médiocrité.

On a toujours reproché aux Genevois de n'aimer à vivre qu'entre eux, et de se montrer froids, réservés, peu accueillans avec les étrangers, que d'ailleurs ils comblent de politesses. Le célèbre naturaliste Vénitien Vitaliano Donati, envoyé par le Roi de Sardaigne, pour reconnoître un prétendu volcan, dans les montagnes de la Savoie, et qui étoit allé passer quelques jours à Genève, s'exprimoit ainsi sur leur caractère, en 1751 : *Ritrovai li Genevrini di temperamento piutosto melancolico che allegro, e* molto sostenuti *trattando col forestiere*. Je ne sais si l'on doit leur faire un sujet de reproche de cette espèce de répugnance à admettre les étrangers dans l'intérieur de leurs familles, et dans l'intimité de leurs sociétés particulières. Cette réserve, reste de l'ancienne sévérité des mœurs, a peut-être très-puissamment contribué à les maintenir dans toute leur pureté.

Genève a subi le sort réservé tôt ou tard aux petits états placés sur la limite des grands. Son existence, comme puissance indépendante, ayant cessé d'être compatible avec la dignité de la France, elle a été associée à ses destinées; mais sa réunion effectuée pendant un état de crise, qui a froissé des intérêts particuliers, est encore trop récente pour que l'on puisse prononcer sur l'influence qu'elle aura sur le bonheur de ses habitans. Elle a déjà pour résultats certains, de les mettre à l'abri des divisions politiques, qui trop souvent ont troublé leur tranquillité, et d'offrir à leur noble ambition, la carrière honorable des emplois civils et militaires dans l'Empire. Ils ont prouvé qu'ils sauroient remplir les premiers avec distinction; et leur aptitude aux sciences exactes promet d'excellens officiers dans les différens services de l'armée (1). Ce qui doit sur-tout achever de les rassurer pleinement, c'est la protection spéciale que S. M. a daigné leur promettre à différentes époques, et dont elle leur a déjà donné des preuves. L'ami des sciences, des arts, de l'homme enfin, ne peut s'empêcher, en s'éloignant de Genève, de jeter les yeux en arrière sur une ville dans laquelle on trouve de si belles institutions, et des occasions si fréquentes de s'intéresser ou de s'instruire.

Les auberges les plus suivies, com-

---

(1) Les Genevois sont bons officiers. A une certaine époque, on en comptoit cent vingt-cinq commandant des compagnies dans les services étrangers, et en outre, plusieurs colonels et cinq généraux majors.

me les meilleures de cette ville, sont l'Hôtel d'Angleterre à Sécheron, et les Balances. La première, qui est hors des portes, est spécialement fréquentée par les personnes qui voyagent avec un grand train. Son emplacement est fort avantageux. Lors de mon passage, S. M. l'Impératrice Joséphine, de retour d'un voyage qu'elle venoit de faire dans la vallée de Chamouni, y étoit logée. On trouve dans les auberges, des domestiques de place, qui servent de guides aux étrangers, pour parcourir la ville et ses environs, et qui les accompagnent même aux glaciers quand ils le desirent. Je saisis avec plaisir l'occasion de leur recommander le nommé Louis Yersin, qui se tient habituellement aux Balances, comme un garçon honnête, fidelle, actif et très désintéressé. Il connoît parfaitement la ville, et a plusieurs fois servi de guide dans les Alpes. Les personnes qui l'employeront, n'auront certainement qu'à se louer de ses services.

Quoique la saison fût déjà fort avancée (1), cependant ayant acquis par les renseignemens que je m'étois procurés, l'assurance qu'il n'étoit point encore tombé de neige sur les montagnes, je fis les dispositions nécessaires pour me rendre à Chamouni. Je fus assez heureux pour trouver à m'associer deux compagnons de voyage, dont l'aménité répandit beaucoup de charmes sur cette tournée. L'un des deux étoit un jeune négociant, curieux de voir, et que les fatigues ne rebutoient pas. L'autre, officier de cavalerie, et Espagnol de nation, avoit parcouru une partie de l'Europe, et échangé la gravité castillanne contre la gaieté française. Grâce aux facilités qu'offre la ville de Genève, nos préparatifs furent bientôt faits, et nous nous mîmes en route de grand matin pour aller coucher à Sallanches, guidés par l'excellent Itinéraire (2) de M. J.-P.

---

(1) Au 24 octobre.

(2) *Nouvel itinéraire des vallées autour du*

Pictet, et en formant des vœux pour la continuation du beau temps.

CHAPITRE VII.

CAROUGE. *Son état ancien, son accroissement, Commerce et Industrie, Antiquités.*

A peine a-t-on quitté Genève, que l'on entre sur le territoire de l'ancienne Savoie. La commune de Carouge, située à peu de distance, sur l'Arve, est la première que l'on rencontre.

Cette petite ville, actuellement

Mont-Blanc, avec une carte topographique des environs de la source thermale, découverte en 1806, près de Saint-Gervais; par *J. P. Pictet.* Genève, Manget et Cherbuliez, 1808. in-12. L'auteur a employé à sa rédaction, les divers ouvrages analogues, qui ont été publiés jusqu'en 1808, toutes les indications fournies par les voyages de M. Desaussure, et ses propres observations.

chef-lieu d'un canton du département du Léman, étoit jadis la capitale d'une des sept provinces du duché de Savoie, formée en 1780, d'un certain nombre de communes démembrées des provinces voisines. Des anciens titres dans lesquels elle porte le nom de *Carrogium*, *Quarrogium*, démentent l'étymologie ridicule que l'on a voulu donner à son nom, en prétendant la tirer d'une enseigne d'auberge portant un grand K rouge.

La protection et les différens priviléges accordés successivement à Carouge, par la Cour de Turin, depuis le voyage que fit en Savoie le roi Victor Amédée III (1), en 1775, ont

---

(1) On peut supposer que ce Prince, en fondant une ville aux portes de Genève, a été dirigé par l'esprit de rivalité qui a subsisté si long-temps entre les deux Gouvernemens, et a eu pour but réel de nuire à l'industrie et au commerce Genevois, ou au moins d'en partager les bénéfices. Cependant il est à remarquer qu'en général, la Cour de Turin a toujours été animée par les plus nobles intentions pour

transformé un pauvre village en une

la prospérité et le bien-être des pays soumis à sa domination. Avec de foibles ressources et des charges considérables, nécessitées par sa position et le soin de sa défense, elle a constamment favorisé les arts. Sans fouler ses peuples, elle a réalisé de grandes entreprises dont on trouve des traces à chaque pas dans les diverses parties du Piémont et de la Savoie. Les routes qu'elle a exécutées, les canaux, les ponts, les encouragemens accordés aux objets utiles, ont toujours montré des Princes attentifs à améliorer le sort de leurs sujets, et à saisir toutes les occasions de créer utilement ou de perfectionner. La sagesse de leurs institutions a rendu ce Gouvernement célèbre. Son fameux Code, publié en 1770, jouissoit de l'estime des Jurisconsultes de toutes les nations, et a mérité l'honneur de servir de base au Code Frédéric. La grande opération d'un cadastre général du Piémont et de la Savoie fut entreprise il y a bientôt un siècle, et poursuivie avec persévérance. J. J. Rousseau raconte qu'il y fut employé dans sa jeunesse, en qualité d'écrivain. *Cette Monarchie*, disoit le Ministre d'Argenson, *est comme un État tiré au cordeau. Tout s'y ressent de la propreté qu'on voit dans les petits ménages.*

ville florissante et manufacturière. Sa position aux portes de Genève, et la différence d'intérêts des deux états, ont beaucoup contribué à sa prospérité et à son accroissement. Il a été si rapide, que sa population qui n'étoit au commencement de 1780, que de 600 individus, fut trouvée en 1792, par le dénombrement de la ville et de la banlieue, de 4,672. Celle de la ville seule excède aujourd'hui 3,000. Sous le rapport du commerce, Carouge a fait des pertes notables ; cependant il a conservé plusieurs fabriques.

Quoique le culte catholique fut celui de ses habitans, les protestans et les Juifs étoient admis à s'y établir, et l'exercice public de leur culte étoit autorisé ; tolérance qui y attira un grand nombre de familles, dont les capitaux ou l'industrie favorisèrent ou augmentèrent singulièrement ses relations et ses ressources commerciales. Les moyens d'instruction qui consistoient uniquement en une simple école, fondée par J.-P. Biord, évêque de Genève, étant devenus insuffisans, le roi Victor Amédée III, fidelle à ses projets sur cette ville qui lui devoit son existence et son état prospère, y institua en 1786 un collége dans lequel on joignoit à l'enseignement de la rhétorique et des humanités celui des connoissances nécessaires aux négocians.

A l'angle N. E. de l'église catholique de Carouge, ont été récemment placées par les soins de M. Montfalcon, maire de la commune, deux inscriptions latines, déterrées en 1805, sur l'ancienne route qui conduisoit avant 1564, de Pinchat à l'extrémité du chemin *des philosophes*, où étoit jadis un pont sur l'Arve. Le bloc sur lequel se lit la première, faisoit partie d'un tombeau dont les diverses pièces ont été retrouvées. L'autre monument est un cippe sépulchral, d'un seul bloc de marbre blanc.

Voici la première :

M. Car. Antius Macrinus Centurio
Coh.
Primae Urbanae
Factus miles in eadem Cohorte
Domitiano II Coss.
Beneficiarius T. et Neni sereni
lege Aug. Vespasiano X Coss.
Cornicularius Cornelii Gallicani,
lege Aug. Aequestrib.
Stipendiis, domitiano IX Coss.
Item Minici Rufi legati Aug.
Evocatus, Aug. Domitiano XIII Coss.
Centurio, Imp. Nerva II Coss.
T. P. J.

On lit sur le cippe :

D. M.
D. JULIO, D.
Juli Festi
Fil Voit. mod.
Estino Patrono
Pientissimo liberti
Ejus curaverunt.

Le terrain sur lequel est bâti Carouge, est composé comme celui de tous les environs de Genève, de couches presque horizontales de sable et d'argile, recouvertes et mélangées de cailloux roulés. L'Arve, bien plus considérable autrefois, occupoit cet emplacement, ce qui a fait conjecturer que le nom de Carouge pouvoit se dériver du mot celtique *Carrog*, torrent, ruisseau, rivière.

CHAPITRE VIII.

Chêne-Thonex, *Terrain des environs de Genève, Aspects de la route*, Annemasse, *Antiquités, Torrent de la Menoge*, Nangy, Contamines, *Anecdote, Détails géologiques.*

En sortant de Genève (1) pour aller aux glaciers, on se dirige droit au

---

(1) M. Desaussure a indiqué scrupuleusement tout ce qui se rapporte à l'histoire naturelle de la route de Genève à Chamouni. Je

Mont-Blanc, qui est au sud-est de cette ville. On commence par monter un chemin en pente douce, qui conduit au haut d'un grand plateau, élevé de 60 à 80 p. (20 à 26ᵐ) au dessus du lac. Les bornes plantées le long du chemin, sont des roches primitives, des pierres ollaires, des grès, des marbres grossiers et d'autres pierres alpines.

La commune de Chêne-Thonex,

---

répète ici que n'osant me permettre de remplacer ses observations par les miennes, je crois n'avoir rien de mieux à faire qu'à suivre un aussi excellent guide, ainsi que l'a fait M. Pictet, dans son itinéraire.

Voyez en outre le savant mémoire que le docteur F. Berger, de Genève, a publié dans le *Journal de physique*, tome 64, sous le titre de *Hauteurs de plusieurs lieux déterminées par le baromètre, dans le cours de différens voyages faits en France, en Suisse et en Italie.* Les observations qui y sont contenues, sont du plus grand intérêt, et forment un supplément fort important à l'ouvrage de M. Desaussure. Ce mémoire peut être consulté par le lecteur, pour chacune des montagnes dont il est question dans le cours de ce voyage.

que l'on traverse à deux kilomètres de Genève, borne de ce côté, l'ancien territoire de cette république. Chêne est un grand et beau village, bien bâti et très commerçant. Plusieurs routes s'y réunissent. On y compte plus de 2,000 ames de population, dont une partie est employée dans des tanneries qui sont dans un état très florissant. De l'autre côté du ruisseau qui coule à son extrémité, on entre en Savoie, pour n'en sortir qu'au grand Saint-Bernard.

Tout le pays, jusqu'au village de Contamines, à 12 kil. (3 l.) de Genève, est comme les environs de cette ville, sur un fonds de sable, d'argile et de cailloux roulés. Ce terrain inégal et entrecoupé par quelques ruisseaux, s'élève insensiblement en s'approchant du Môle, montagne au pied de laquelle on passe, en la laissant à gauche.

Sur cette route, l'aspect des montagnes change à chaque pas. Le Mont-Salève, masse calcaire, que l'on a presque en face en partant de Genève,

5

se présente de profil à six kilomètres (1 l. ½) de la ville. On le voit alors en raccourci; ses escarpemens font sous ce point de vue un effet très singulier, sur-tout quand cette face est éclairée par le soleil. En continuant d'avancer, on voit les derrières de cette même montagne, et leur pente douce et boisée. On découvre un monticule en pain de sucre, placé à la droite de la route, et sur lequel sont les ruines du château de Mornex. Un peu au-delà, du même côté, se voient le côteau et le château d'Esery. La montagne des Voirons, principalement composée de grès, est située plus à la gauche et plus loin que celle de Salève.

A peu de distance de Chêne, on passe par le village d'Annémasse, situé au pied du côteau de Monthoux, dans une plaine riante et bien cultivée. Si l'on en juge par les antiquités que l'on y a découvertes à différentes époques, Annemasse étoit autrefois un endroit assez considérable. On y a trouvé entre autres objets curieux, une colonne milliaire et un monument sépulchral, portant l'inscription suivante, d'après laquelle on peut juger qu'il y avoit à Annemasse un receveur des deniers des Romains. Ce reste d'antiquité, dont les proportions et les ornemens se ressentent du bas Empire, sert maintenant de pilier à la porte d'entrée de l'église.

D. M.

ET MEMORIAE ATTIMIAE
TIBERIAE MAXIMAE
AURELIUS ROMANUS PROTECTOR DUCENARIUS
CONJUGI INCOMPARABILI.

La colonne milliaire portoit une inscription qui a été déchiffrée avec beaucoup de peine par M. Albanis-Beaumont. Je la consigne ici, parce que la personne, dans les propriétés de laquelle cette colonne a été trouvée, en a fait un rouleau de jardin.

Imp. cs. Gal. Val.
Maximiniano P. F. vic.
Et Gal. Val. Maximiniano
Et fil. Val. Constantino
Nob. Cæs. M. P.

M. Albanis-Beaumont pense que la colonne a été, dans son origine, dédiée à l'Empereur Galerius-Valerius-Maximinianus et à Valerius-Constantinus. On voit encore dans son ouvrage (1), un fragment d'entablement, fort bien sculpté, qui a été trouvé près du même village.

Quatre kilom. plus loin, on descend dans une large et profonde ravine, creusée par un torrent nommé la *Menoge*, qui a sa source au pied des Voirons. On s'aperçoit, en descendant, que les lits du terrain ne se suivent et ne se correspondent pas d'un bord à l'autre. A gauche, du côté du N. E., ce sont de gros cail-

---

(1) *Description des Alpes Grecques et Cottiennes.* Atlas.

loux roulés, entassés par bancs très épais et entremêlés de sable qui leur donne l'apparence d'une muraille dégradée ; à droite, de l'autre côté du ruisseau, on ne voit que du sable et de l'argile, dans une hauteur perpendiculaire de près de 32 mèt. 48 c. (100 pieds). On aperçoit seulement dans ce sable deux ou trois files de blocs arrondis, placés comme avec la main, sur des lignes horizontales.

Le torrent coule au fond de la ravine sur un lit de molasse ou grès tendre. Les couches de cette molasse semblables par la matière, à celles du côteau de Monthoux, descendent aussi comme elles, vers l'est-sud-est, et sont vraisemblablement une continuation de celles de ce côteau.

Quand on a remonté la ravine, on se trouve dans une plaine, et après avoir traversé, à trois kil. ($\frac{1}{4}$ de l.) de là, le village de Nangy, on arrive bientôt à celui de Contamines, qui se prolonge entre l'Arve, et une colline de sable et de cailloux roulés, appuyée contre le pied du Môle. Cette colline est en pente douce de toutes parts, excepté du côté de l'Arve où elle est taillée à pic. Contamines se glorifie d'avoir vu naître le célèbre astronome Bouvard, membre de l'Institut et du Bureau des longitudes.

Je ne saurois quitter Contamines, dit M. Desaussure (1), sans rapporter une belle réponse d'une paysanne de ce village. Je fis en 1761, mon second voyage aux glaciers de Chamouni, à pied, avec quelques-uns de mes amis. Comme le soleil étoit très ardent, nous entrâmes dans un verger, pour nous y reposer à l'ombre. Des poires bien mûres, que la soif et la chaleur rendoient très séduisantes, nous tentèrent, et nous commencions à en cueillir, quand la maîtresse du verger parut et s'avança vers nous. Sur le champ, un de nous alla au devant d'elle, et lui

---

(1) *Voyages dans les Alpes*, tom. 1, pag. 363. Edit. in-4.º

dit de ne pas s'inquiéter, que nous lui payerions ses poires : *Mangez-les seulement*, dit-elle, *ce n'est pas pour cela que je viens. Celui qui a fait ces fruits, ne les a pas envoyés pour un seul.*

Le chemin de Contamines à la Bonneville, passe entre l'Arve et les rochers escarpés des bases du Môle. Cette route, en terrasse, au dessus de la rivière, présente des points de vue très agréables. Les yeux se portent naturellement sur l'Arve, qui serpente et se divise entre des îles couvertes de taillis. On les relève ensuite sur la vallée des Bornes, dont la pente inclinée vers la rivière, se termine par une haute colline couverte de forêts. La première chaîne des Alpes borde cette vallée au sud-est, et on commence à la voir d'assez près pour en détailler les parties; mais rien, sur cette route, n'intéresse plus le géologue, que les rochers qui forment la base du Môle, et dont la coupe verticale permet de distinguer les couches. Cette montagne est toute calcaire, et sa structure est assez irrégulière. C'est de sa cime que M. le chevalier Schuckburgh a calculé, par des opérations trigonométriques très rigoureuses, la hauteur du Mont-Blanc, et de plusieurs autres montagnes très élevées.

Un peu au delà de Contamines, on passe sous les ruines du château de Faucigny, bâti sur le sommet d'un rocher escarpé qui fait le prolongement de la base du Môle, et détruit dans les guerres du seizième siècle. Tant qu'on est immédiatement au-dessous de ce rocher, on ne démêle pas bien sa structure ; mais après l'avoir passé, on peut voir, à l'aide d'une lunette, qu'il est composé de couches perpendiculaires à l'horizon, et dirigées du nord-est au sud-ouest. Au-dessus de ce rocher, au sud-est, on voit d'autres couches verticales, mais dont les plans coupent à angle droit ceux des premières.

A plus de deux kilom. ($\frac{1}{2}$ l.) de ce château, on observe une masse de rochers, dont les couches minces, presque perpendiculaires à l'horizon, sont adossées aux escarpemens de couches épaisses et bien suivies qui paroissent horizontales.

Enfin, vis-à-vis de la Bonneville, ces mêmes escarpemens des bases du Môle présentent une grande échancrure, qui paroît être le vuide qu'auroit laissé une montagne qui se seroit anciennement écroulée. Des débris sont encore entassés au-dessous de l'échancrure. Il paroît même que cette montagne étoit plus élevée que ses voisines, si l'on en juge par leurs couches qui montent à droite et à gauche, contre le vuide qu'elle laisse. Parmi les débris du Môle, dont cette route est semée, on ne trouve aucune pétrification.

CHAPITRE IX.

La Bonneville, *Voie romaine, Hommes illustres, Détails géologiques, le* Môle *, le* Brezon *, Pont en pierre.*

La Bonneville, chef-lieu d'une sous-préfecture du département du Léman, est située dans une jolie plaine au bord de l'Arve. Elle a la forme d'un triangle, dont une place, plantée d'arbres, remplit l'aire. Son élévation au-dessus du lac de Genève, est de 76 mètr. (39 t.), et de $442^m,43$ (227 t.) au-dessus de la mer. Sa distance de Genève est de 19 kil. (51.)

Ce bourg, dont la population est d'environ mille individus, étoit jadis fortifié. Il étoit devenu, par l'incendie de la petite ville de Cluses, arrivé en 1310, la capitale du Faucigny. Il possédoit un collége où l'on enseignoit la grammaire et la rhétorique.

Il y a encore dans la maison commune, une petite bibliothéque des livres qui ont été trouvés dans les maisons religieuses de la province.

Les pièces authentiques qui subsistent sur l'ancienne histoire de la Bonneville, ne remontent pas à des temps bien reculés. On sait seulement que jusqu'en 1283, elle avoit porté le nom de *Burgum Castri*, qui fut changé en celui de *Bonnavilla*, par Beatrix, dame et souveraine du Faucigny. Ainsi l'opinion qui tire son nouveau nom du celtique *Bonne-Baile*, c'est-à-dire, ville située à la base, ou au pied des montagnes, ne me paroît pas soutenable.

M. Albanis-Beaumont, auteur de la *Description des Alpes Grecques et Cottiennes*, que j'ai déjà citée, prétend, contre le sentiment de d'Anville, que l'une des deux voies romaines qui traversoient la Savoie, celle qui conduisoit de Milan à Strasbourg, passoit par la Bonneville, qu'il regarde comme l'ancienne *Bau-*

tas, dont il est question dans l'Itinéraire d'Antonin, et que d'Anville place à Annecy le vieux (1). C'est dans l'ouvrage de M. Albanis-Beaumont (2), qu'il faut lire le développement et les preuves de son opinion (3).

La Bonneville a donné le jour à plusieurs hommes distingués dans la politique ou les lettres. J'indiquerai, parmi les principaux, le père Monet, Jésuite, excellent humaniste, auteur d'un grand nombre d'ouvrages sur les langues latine et française, la géographie ancienne, etc. (4) ; et le père

---

(1) *Notice de l'ancienne Gaule*, pag. 145 et 212.

(2) Tom. 1.er pag. 112 et 113.

(3) Elle me paroît avoir été combattue avec succès par M. C.-M. Pillet, dont les recherches et le travail ont confirmé celle de d'Anville. Voyez le *Dictionnaire historique*, etc. *des Départemens du Mont-Blanc et du Léman*, tom. 3, pag. 451 et suiv.

(4) Voyez Morery, Nicéron, et le *Nouveau Dictionnaire historique*.

Monot (1), Religieux du même ordre, homme du premier mérite, mais que son caractère altier et impétueux empêcha de réussir dans les négociations dont le Duc de Savoie l'avoit chargé auprès de Louis XIII et du Cardinal de Richelieu, et finit par précipiter dans un abîme de malheurs. Il a occupé de lui à la fois, les Cours de Rome, de Paris, de Madrid et de Turin, et est mort en prison. Il reste de ce Jésuite plusieurs ouvrages historiques et des manuscrits qui sont dans la bibliothéque de l'université de Turin (2). Je citerai encore, comme pouvant servir à l'illustration de la Bonneville, M.lle Françoise de Passier, morte à Moutiers, épouse de

---

(1) M. Albanis-Beaumont indique Chambéry, comme le lieu de la naissance du P. Monot. On voit, par la *Corona reale di Savoja*, d'Augustin Chieza, part. 2, pag. 92, qu'il est né à la Bonneville, et que son père étoit Sénateur à Chambéry.

(2) Voyez Morery et *l'Histoire universelle*, traduite de l'anglais, tome 38.

D. Ivez, Major de Tarentaise, et Conseiller d'Etat du Duc de Savoie. Cette dame, renommée dans son temps, par sa beauté et ses talens littéraires, publia en 1605, en langue castillanne, un livre (1), devenu très rare aujourd'hui, qui fut imprimé à Thonon, petite ville des bords du Lac, où Saint François de Sales avoit établi une imprimerie qui a été quelque temps célèbre.

Nous nous arrêtâmes pendant deux heures à la Bonneville, et j'en profitai pour aller examiner les rochers de grès micacé, indiqués par M. Desaussure, et sur lesquels est assise la porte de la ville du côté de Genève. Leurs couches font avec l'horizon un angle de 38 à 40 degrés en descendant au nord et au nord-nord-ouest.

---

(1) Cartas morales del Señnor de Nerveza, dirigidas al Conde de Fuentes. Impreso en Thonon, por Marcos de la Rua, estampador della Santa Casa, con permission de los Superiores. M. DCV.

Ces bancs ne passent point par-dessous les bases des montagnes voisines, étant d'une date beaucoup plus récente.

Quelques collines situées entre la Bonneville et le Môle, sont composées de ce même genre de pierres. La plus élevée de ces collines de grès a son sommet au niveau du hameau nommé *chez Chardon*. Sa hauteur est de 152 mètres (78 toises) au-dessus de la Bonneville. On trouve dans les fentes de ces grès de belles cristallisations de spath calcaire.

Vis-à-vis de ce bourg, de l'autre côté de l'Arve, et à l'opposite du Môle, s'élève une haute montagne calcaire qui se nomme le Brezon. Ses rochers les plus élevés sont taillés du côté de la Bonneville, absolument à pic, à une très grande hauteur, et forment un précipice effroyable. M. Desaussure conseille aux personnes qui désireront le contempler, de se coucher tout à plat sur le rocher et de s'avancer jusqu'à ce que leur tête déborde le précipice. C'est ainsi qu'on peut s'accoutumer à voir sans crainte et sans tournoiement de tête, les abîmes les plus profonds. On se rappellera que J. J. Rousseau se servit d'un moyen analogue pour examiner les gouffres affreux de Chailles, à peu de distance de Chambéry, et on relira avec plaisir le passage de ses Confessions (1), dans lequel il peint les horreurs du site et les sensations que sa vue lui fit éprouver.

Quand on s'est proposé, en partant de Genève, de ne venir coucher le premier jour qu'à la Bonneville, on peut, après son arrivée, s'il en est temps encore, se faire, avant la chûte du jour, un but de promenade agréable, en allant visiter à un kilomètre de là, vers le chemin qui conduit à Taninge, une carrière de grès qui porte des empreintes de végétaux très bien conservés, entre autres, celles d'une feuille qui paroît avoir appartenu à une espèce de

---

(1) Livre IV.

saule. Souvent même, il y a plus que l'empreinte, et le végétal montre quelque épaisseur; il paroît avoir passé à un état fort rapproché de l'anthracite.

A la sortie de la Bonneville, on traverse l'Arve sur un beau pont de pierre, long et étroit, restauré en 1753, sous la direction d'Andrier, de Samoens, ainsi qu'on le voyoit dans l'inscription suivante :

Restauratus
Sedente summo Pontifice
Benedicto XIV,
Regnante gloriosissimo
Carolo Emmanuale III.
M. Andrier, Samoensis F.
1753.

CHAPITRE X.

Belle Vallée, Siongy, Cluse, *Privilèges des habitans, Fête du Papegai.*

La vallée dans laquelle on entre, a tous les caractères des grandes vallées des Alpes. Son entrée est flanquée des deux hautes montagnes dont je viens de parler. Elles sont élevées toutes deux de 948 toises (1847,^{m}68) au-dessus du niveau de la mer, et semblent être deux forteresses destinées à défendre le passage. Toutes deux sont calcaires; mais il est à remarquer que d'ailleurs il n'y a nulle ressemblance entre elles, soit pour la couleur et la qualité de la pierre, soit pour la forme générale, la structure et la situation des couches.

Le fonds de cette vallée, parfaitement horizontal, abreuvé des eaux de l'Arve et des ruisseaux qui s'y jettent, est couvert de prairies marécageuses, d'aulnes, de saules et de peupliers. Sa direction est à peu près à l'est. Sa longueur, de la Bonneville à Cluse, est d'environ 12 kilomètres. Sa largeur à l'entrée est à peine de deux kilomètres; mais elle s'élargit ensuite pour se resserrer en s'approchant de Cluse où elle se ferme presque entièrement. Partout où la terre est ouverte, on voit que le fonds est du sable disposé par lits horizontaux, qui alternent quelquefois avec des lits de gravier et de cailloux roulés. La nature de ce terrain et le nivellement parfait de la surface de la vallée, démontrent que le fonds a été formé par l'accumulation des dépôts de l'Arve, et que cette rivière, ou le courant qui occupoit anciennement sa place, a été beaucoup plus haute qu'elle ne l'est aujourd'hui, puisqu'elle a dû remplir la totalité de la vallée, dont elle n'occupe à présent qu'une très petite partie. La route que l'on suit en allant à Cluse est très belle. C'est pendant l'espace d'une grande lieue (4 kil.), une chaussée rectiligne et horizontale (1); mais ensuite l'Arve, en s'approchant des montagnes de la droite, force la route à passer sur les débris accumulés au pied de ces montagnes. Ces débris sont pour la plupart calcaires. Ils sont cependant mélangés de granits et d'autres roches primitives qui ont été transportées là par les mêmes révolutions qui en ont charrié de semblables aux environs de Genève, car les montagnes d'alentour sont toutes calcaires et bien éloignées encore des primitives.

Cette partie de la route n'est pas la moins agréable; elle est ombragée par de beaux noyers et d'autres grands arbres, et elle passe dans le hameau de Vaugi, caché sous ces arbres, et en-

---

(1) M. J. P. Pictet observe que l'on pourroit fort aisément mesurer, le long de cette chaussée, une base pour des opérations géodésiques.

touré des plus belles prairies. Comme on domine la vallée, on jouit de son aspect. On voit le Giffre, torrent qui sort de la vallée de Taninge, passer à l'est au-dessous du Môle, et venir joindre ses eaux à celles de l'Arve. On fait environ trois kilomètres sur le pied de cette montagne, et on redescend ensuite dans la vallée horizontale. On traverse Siongy, village qui a près d'un kilomètre de tour, où les Chartreux du Reposoir, qui en étoient les Seigneurs, avoient une maison facile à reconnoître, parce qu'elle est la meilleure du village. On y trouve un des monumens de la démence d'un Représentant du peuple, qui, dans sa mission en Savoie, fit abattre tous les clochers des Départemens de l'Ain, du Mont-Blanc et du Léman. Le beau clocher de l'Église de Siongy a subi le sort commun. Cette extravagante mesure, outre son caractère odieux, comme profanation du culte public, avoit encore l'inconvénient de priver d'une ressource importante, les personnes chargées d'opérations relatives à la levée des cartes, les clochers étant d'une très grande utilité, comme signaux. On sait combien M. de Cassini en a tiré de parti dans son grand travail.

On peut, des environs de Siongy, observer la structure de la dernière montagne de la chaîne des Monts-Vergi, chaîne calcaire très élevée, qui court du nord-est au sud-ouest, et vient se terminer derrière les montagnes qui bordent la route à droite. La structure de cette dernière montagne est très remarquable. Ses couches horizontales au sommet, se courbent presque à angles droits, et descendent de là verticalement du côté du nord-ouest. On diroit qu'elles ont été ployées par un violent effort. On les voit séparées et éclatées en divers endroits. Ce phénomène très intéressant pour les géologues, et dont l'explication est fort difficile (1), se

---

(1) Voyez la théorie ingénieuse que pro-

retrouve dans diverses parties du Jura et ailleurs ; mais nulle part, que je sache, il ne se présente avec des circonstances aussi singulières et aussi diversifiées que sur les divers points de la route que nous suivons, ainsi que j'aurai plusieurs fois occasion de l'observer.

La $\frac{1}{2}$ lieue (2 kilom.) qui reste à faire pour aller de Siongy à Cluse, est très agréable ; on traverse une petite plaine bien cultivée et bordée de grands arbres. Cette vallée, comme celle de Taninge, produit les plus beaux chênes du pays. Sur la gauche de cette petite plaine, un château antique, nommé le *Château de Mussel*, et bâti sur le sommet d'un rocher isolé, dont la base est couverte d'arbres, forme un paysage charmant et très

---

pose à ce sujet, M. Gillet de Laumont, dans le *Journal des mines*, n.° 54, pag. 449 et suiv. Voyez aussi les explications que donne de ce phénomène, le docteur Paccard, de Chamouni, *Journal de physique*, tom. 18.

pittoresque. Ce rocher est composé de grès, dont les couches varient pour l'épaisseur, depuis 32 centimèt. jusqu'à quelques millimètres. Elles diffèrent également entre elles pour la finesse des grains dont elles sont composées. Leur inclinaison est d'environ 30 degrés en descendant à l'est.

En s'approchant de Cluse, on passe sous des rochers, dont les couches épaisses surplombent au-dessus du chemin. Ces rochers tiennent à une montagne, dont la tête pyramidale s'élève à une assez grande hauteur. On prétend que les Clusiens, postés sur cette montagne, détruisirent un corps de troupes assez considérable, en roulant sur elles des quartiers de rochers. En entrant à Cluse, on traverse l'Arve sur un pont de pierre d'une seule arche.

La route que je viens de décrire, est la plus praticable pour les voitures. Il en est une autre par le Brezon, Saxonet et Siongy, qui doit être préférée par les personnes qui ne craignent pas de faire route à pied; elle est un peu plus longue que la première, il est vrai, mais aussi les voyageurs sont dédommagés d'un peu de fatigue, par des aspects plus variés et des vues plus pittoresques (1).

La ville de Cluse, qui est élevée de 63 toises ($122^m 78$) au-dessus du lac de Genève, et de 251 toises ($489^m 20$) au-dessus de la mer, est bâtie sur le pied d'une montagne dont la structure est très extraordinaire. On en juge mieux à une certaine distance que de la ville même. Cette montagne, de forme conique émoussée, ou plutôt parabolique, est, pour ainsi dire, coëffée d'une bande de rochers qui, du haut de sa tête, descendent à droite et à gauche jusqu'à son pied. Ces rochers nuds, sont relevés par le fond de verdure dont le reste de la montagne est cou-

(1) On trouvera dans l'Itinéraire de M. J. P. Pictet, des indications suffisantes sur cette route, et des conseils qui ne sont pas à négliger.

vert. Ils sont composés de plusieurs bandes parallèles entre elles. Les extérieures sont blanches et épaisses ; les intérieures sont brunes et plus minces. Le corps même de la montagne, dont on aperçoit çà et là les rochers, au travers du bois qui les couvre, paroît composé de couches irrégulières et diversément inclinées. On pourroit soupçonner que cette bande n'est que le reste d'une espèce de calotte, qui vraisemblablement couvroit autrefois toute la montagne.

Cette petite ville n'a guères qu'une rue qui se rétrécit en montant contre le cours de l'Arve, parce qu'elle est resserrée entre la rivière et la montagne. Elle est plus large vers le bas, et là on voit, comme à Genève, le long des maisons, des dômes et des arcades en bois, soutenus par des piliers fort élevés qui choquent l'œil de l'architecte, mais qui sont commodes pour les piétons et pour les marchands, dont les boutiques sont bâties à l'abri de ces arcades.

Cluse a été jusqu'au 14.ᵉ siècle la capitale du Faucigny ; mais un incendie qui le réduisit en cendres, lui fit perdre cette prérogative qui passa à la Bonneville. Long-temps les Clusiens conservèrent l'espoir de la recouvrer ; ils firent, pour y parvenir, des démarches multipliées. Ils cherchèrent enfin à se venger de sa perte, quand ils reconnurent qu'elles étoient absolument inutiles. Ils descendirent dans la vallée, entrèrent à main armée à la Bonneville, la mirent au pillage, et emmenèrent avec eux tous les hommes taillables des seigneurs voisins, qui voulurent les suivre, pour jouir des franchises que procuroit l'habitation dans leur ville.

La population de Cluse est d'environ dix-huit cents individus, dont la majeure partie travaille en horlogerie pour Genève et l'Allemagne. L'importance de sa position, sous le point de vue militaire, porta les Barons de Faucigny, et par suite les Ducs de Savoie, à favoriser son agrandissement, et à y attirer un grand nombre de familles, par des priviléges de tous genres. Cluse fut érigé en marquisat (1). Ses habitans eurent la faculté de fortifier leur ville et de s'exercer aux évolutions militaires. Sans être nobles, ils purent posséder des fiefs et terres seigneuriales, et furent exemptés du paiement des péages sur toutes les terres de la Savoie.

Le collége de Cluse, fondé en 1617, et dont Saint François de Sales approuva les statuts la même année, avoit quatre professeurs. Cet utile établissement, dû à la magnificence d'un simple particulier (2), vient d'être conservé dans la nouvelle organisation de l'Instruction publique, pour l'enseignement du latin et des mathématiques.

---

(1) Le Marquis de Cluse jouissoit du droit singulier de prendre toutes les langues du gros bétail qu'on y tuoit.

(1) Mr Bochut, curé d'Aïse, qui légua à cet effet, une somme de 16000 florins.

Les Clusiens ont toujours été actifs, industrieux, commerçans, adonnés aux exercices militaires et à la musique. Ils ont encore aujourd'hui une compagnie de musiciens, très nombreuse et très bien organisée. On ne peut trop s'étonner de l'ancien usage qui réunissoit, dans la personne d'un officier suprême, appelé le *Portier de la ville*, le commandement de la garde militaire, et l'exécution des jugemens criminels; rapprochement bizarre des fonctions les plus dissemblables, aussi avilissant pour l'homme revêtu d'une semblable charge, que pour le corps militaire auquel il commande. Cet emploi étoit cependant très recherché, parce qu'il donnoit plusieurs prérogatives, celle entre autres, de choisir, au retour des expéditions guerrières, le premier ou le dernier animal, parmi ceux qui faisoient partie du butin, à leur entrée dans la ville.

Pour entretenir cet esprit militaire, les anciens souverains du Faucigny, accordèrent à Cluse, des priviléges semblables à ceux dont jouissoit la ville de Chambéry, relativement à la fête appelée *Tirage de l'Oiseau* ou *du Papegai* (1), parce qu'on s'y exerçoit à tirer, dans les temps anciens, avec l'arc et l'arbalète, et plus tard avec l'arquebuse, un oiseau peint, placé au bout d'une longue perche. Cette fête, dont l'origine se perd dans la nuit des temps, avoit été établie à Montpellier, par les Rois de Majorque, pendant qu'ils étoient souverains de cette ville. On fait remonter l'époque de son institution dans la Savoie, à celle où François I.er l'occupoit (2); cependant on voit par les statuts du Duché, qu'elle y étoit déjà autorisée, en 1430, près

---

(1) Voyez dans les *Annales des voyages*, xxxvi.e cahier, une description de la fête du Papegai, telle qu'elle se célébroit autrefois à Orange; par M. Gasparin.

(2) Statistique du Département du Mont-Blanc, pag. 554—2.

de cent ans avant cette époque. Elle s'est maintenue dans la Savoie jusqu'à sa réunion à la France.

Les chevaliers tireurs s'engageoient, lors de leur réception, à ne pas médire des dames. Ils formoient une compagnie qui avoit ses statuts, sa police et son administration confiés à un conseil de prud'hommes. Ces derniers régloient les exercices et jugeoient les coups. Le chevalier qui avoit abattu le papegai, étoit proclamé *Roi de la fête* par les prud'hommes, et présidoit aux danses et aux divertissemens, par lesquels elle étoit terminée. Il ouvroit le bal, en dansant le premier avec une *reine*, qu'il étoit obligé de choisir *sur la Rose*. On appeloit ainsi une liste formée avec la plus sévère impartialité, et sans acception de rang ni de fortune, par le conseil des prud'hommes, de six jeunes personnes distinguées par leurs grâces et leurs vertus. La reine du tir passoit rarement l'année sans trouver à se marier. Par-tout où la fête du tirage étoit établie, les princes et les nobles se faisoient recevoir au nombre des chevaliers, qui ont même compté parmi eux de véritables souverains.

CHAPITRE XI.

Sites pittoresques, Calcaire coquillier, Caverne de Balme.

Dès que l'on est sorti de la ville de Cluse, on voit en se retournant sur la droite, les rochers en surplomb sous lesquels on a passé, avant de traverser l'Arve. On distingue le profil des couches de ces rochers, et on reconnoît qu'elles sont presque perpendiculaires à l'horizon. Ces couches sont adossées à d'autres couches calcaires et verticales comme elles, mais qui sont la continuation de couches à peu près horizontales. On diroit qu'une force inconnue a ployé à angles droits l'extrémité de ces couches, et les a ainsi contraintes à prendre une situation verticale.

La vallée que l'on suit en allant de Cluse à Sallanches, se dirige vers le sud, et coupe presqu'à angle droit, celle de la Bonneville à Cluse; elle est beaucoup plus étroite, et bordée par des montagnes plus élevées. Ces deux circonstances réunies, la rendent très singulière et très pittoresque.

Comme cette vallée est tortueuse, que souvent les rochers qui la bordent, sont taillés à pic à une grande hauteur, et surplombent même quelquefois sur la route; le voyageur étonné n'avance qu'avec une espèce de crainte, et il doute s'il lui sera possible de trouver une issue au travers de ces rochers. L'Arve, qui, dans quelques endroits, paroît avoir à peine assez de place pour elle seule, semble aussi vouloir lui disputer le chemin. Elle vient se jeter impétueusement contre lui, comme pour l'empêcher de remonter à sa source; mais cette vallée n'offre pas seulement des tableaux du genre terrible ; on en voit d'infiniment doux et agréables, de belles fontaines, des cascades, de petits réduits situés ou au pied de quelque roc escarpé, ou au bord de la rivière, tapissés d'une belle verdure, et ombragés par de beaux arbres. Les montagnes seules suffiroient pour intéresser le voyageur, par les aspects variés qu'elles lui présentent ; ici nues et escarpées, là couvertes de forêts ; ici terminées par des sommités prolongées horizontalement, là couronnées par des pyramides d'une hauteur étonnante ; à chaque pas c'est un nouveau tableau.

Malheureusement à l'époque où nous parcourions cette intéressante vallée, cette peinture vive et animée, tracée par le véritable historien des Alpes, le savant Desaussure, perdoit pour nous de son charme, par la comparaison que nous en faisions avec les sites qui nous passoient successivement sous les yeux. Le froid, qui déjà se rendoit incommode, la teinte sombre de la verdure qui achevoit de s'éteindre, les cascades et les ruisseaux qui ne couloient plus qu'avec lenteur et sans abondance, toutes les pertes de la nature attristée, se faisoient sentir à notre ame, et nous empêchoient de jouir pleinement des beautés qu'elle avoit encore conservées.

Le chemin, auprès de Cluse, serré entre l'Arve et le pied de la montagne, laisse à sa gauche les débris accumulés de cette dernière. Ces débris sont remarquables par leur forme polyèdre irrégulière, souvent rhomboïdale ou parallélipipède obliquangle. Leurs angles sont vifs et tranchans; leur matière est une espèce de marbre grossier, d'une couleur obscure. Cette pierre n'est pas coquillière; mais tout près de Cluse, sur la route de cette ville à Saint-Sigismond, on trouve un rocher calcaire, qui renferme des cornes d'ammon, des turbinites et des fragmens de grandes orthocératites, dont les articulations ramifiées ressemblent à des herborisations.

A une petite lieue (4 kil.) de Cluse, on passe au-dessous d'une caverne située dans la montagne, à gauche de la grande route. On voit du chemin son ouverture qui ressemble à la bouche d'un four, et qui est située au milieu des escarpemens des couches horizontales d'une montagne calcaire. Cette caverne a reçu, comme toutes les cavités de ce genre, qui se trouvent dans les Alpes, le nom de Balme, du mot Gaulois *Balma*, grotte, antre. Le village qui est au dessous d'elle, s'appelle aussi Balme, ou par corruption Barme (1).

---

(1) *Balma, Balme, Baume*, roche creusée ou caverne. Ce mot, qui s'est conservé avec sa signification, en Dauphiné, en Provence, en Languedoc et en Franche-Comté, étoit anciennement en usage dans tout le Royaume, ainsi qu'on le voit dans Joinville.

Sans le secours de l'étymologie, quelques personnes pourroient croire que cette caverne a pris au contraire le nom du village, trouvant

La caverne de Balme a long-temps passé dans le pays, pour être l'ouvrage et la retraite des fées, et pour renfermer des trésors. On voit par la bulle du Pape Paul II, du 15 juin 1471, portant création d'un couvent de Cordeliers à Cluse, qu'une troupe de vagabonds et de mauvais sujets, tiroit parti de la crédulité des habitans, et exerçoit dans cette caverne, des actes de prétendue magie. L'espérance de s'y enrichir tout d'un coup, y conduisit, à diverses reprises, au commencement du siècle dernier, plusieurs individus qui en sortoient bientôt, en racontant qu'un bouc

---

peu vraisemblable qu'on l'appelât *Caverne de Balme*, ce qui, au fond, signifie *Caverne de caverne*. Dans quelques parties des Alpes du Dauphiné, ces cavernes s'appellent tout simplement *la Balme*. Quelquefois on y ajoute le nom de la montagne ou celui du village voisin, comme *la Balme d'Auris*, en Oisans, etc. Cependant on dit la *Grotte de la Balme*, en parlant de la fameuse Caverne située à sept lieues de Lyon.

noir leur mordoit les jambes, et les forçoit à abandonner l'entreprise; mais la tentative la plus solennelle dont elle ait été l'objet, fut faite, peu d'années après, par douze habitans de Cluse, qui y pénétrèrent armés de cierges bénis, et portant des reliques, pour en écarter le bouc gardien des trésors qu'ils comptoient bien y trouver. Six d'entre eux se firent descendre au fond d'une espèce de puits qui se rencontre au milieu de la principale galerie de la caverne, et passèrent de là dans une salle spacieuse qu'ils jugèrent creusée de main d'homme, et dans laquelle ils crurent reconnoître des sculptures, entre autres celle d'un violon, en relief sur le roc. Ils ne retirèrent de leur expédition, d'autre fruit que le mérite d'avoir dissipé des préjugés ridicules. Il ne seroit pas déraisonnable de faire remonter à cette époque, l'origine du village de Balme, si aucun titre plus ancien que cet événement, ne constate son existence, et de conjecturer qu'avant la tentative mémorable qui a désenchanté cette redoutable caverne, personne n'eût osé établir sa demeure au-dessous d'elle.

M. Desaussure est le premier observateur qui ait visité la caverne de Balme. Il le fit pour la première fois, en 1764, mais avec moins de bonheur, ou avec une imagination plus froide, que M. Bourrit qui y aperçut tout de suite, une chapelle magnifique, les ruines d'un riche palais, des colonnes posées sur des piédestaux, un arsenal avec des armes rangées, et beaucoup d'autres belles choses. M. Desaussure y porta des instrumens, et reconnut par l'inspection du baromètre, que sa hauteur au-dessus de l'Arve, est d'environ 700 p. ($227^m 38$), et que le thermomètre au mercure, se tient à son fond, un peu au-dessus de neuf degrés et demi, au même point que dans les caves de l'Observatoire, fixé par les observations de M. Deluc, à neuf degrés trois cinquièmes du même thermomètre. Il n'a rien trouvé dans cette caverne, qui lui parût être l'ouvrage des hommes.

Son entrée est une voûte demi circulaire assez régulière, d'environ 3^{m}24 d'élévation sur 6^{m}48 de largeur. Son fond, que l'on atteint après avoir fait 640 pas, est presqu'horizontal, et le peu de pente qu'il a se dirige vers l'intérieur de la montagne. La hauteur, la largeur, et en général la forme des parois de la caverne varient beaucoup : ici, c'est une large et belle galerie ; là, c'est un passage si étroit, qu'on ne peut y pénétrer qu'en se courbant beaucoup. Plus loin, ce sont des salles spacieuses, avec des voûtes gothiques, très exhaussées. On y trouve des stalactites et des stalagmites assez grandes et assez belles. Le puits dont il a été question plus haut, est à 340 pas de l'entrée. On peut juger par le temps que les pierres qu'on y jette, mettent à y descendre, qu'il est très profond. M. Bourrit y fit éclater une grenade dont l'effet fut prodigieux.

Une des particularités les plus remarquables qu'y ait observées M. Desaussure, est une cristallisation spathique, qui se forme insensiblement à la surface des eaux stagnantes qui y reposent en plusieurs endroits. Cette croûte cristalline, semblable à la matière qui tapisse les murs de la caverne, s'épaissit à la longue, et forme un faux fond, assez solide pour supporter le poids d'un homme, et qui après l'infiltration des eaux, se soutient en l'air, à une certaine distance du sol. L'eau qui la produit, est cependant d'une grande limpidité. En la goûtant, M. Desaussure y démêla, à la vérité, une fadeur terreuse, mais bien moins sensible que dans une infinité d'eaux de puits et même de fontaines, dont on boit journellement.

CHAPITRE XII.

Mine de houille, Couches arquées, Belles sources, Sites charmans, MAGLAND, *Nant d'Arpenaz, Montagnes des deux rives de l'Arve.*

Les montagnes calcaires au nord-est, au-dessus de la caverne, renferment des bancs considérables de houille encaissés dans un schiste noir et compacte. Cette mine fut découverte et exploitée en 1774, mais cette exploitation cessa au bout d'un an, parce que les frais de transport, par les voitures ordinaires, excédoit les produits. Le principal débouché de la houille qu'on en retiroit, étoit pour une verrerie établie en Suisse. Le gouvernement de la Savoie ne vouloit ni souffrir qu'on établît une verrerie sur les lieux, ni permettre la navigation sur l'Arve.

Si, du grand chemin, on jette les

yeux sur le rocher dans lequel est l'ouverture de la caverne de Balme, on observera que les bancs de ce rocher sont très épais, et composés d'une pierre calcaire grise ; qu'audessus de cette pierre grise, on en voit une autre de couleur brune, dont les couches sont très minces, mais qui par leur répétition, forment une épaisseur considérable. Ces couches de pierre à feuillets minces, continuent jusques à Sallanches et au-delà, et sont renfermées par dessus et par dessous, entre des bancs de pierre calcaire grise, compacte, et à couches épaisses. Quelquefois, la pierre grise, qui sert de base, ou comme disent les mineurs, de plancher à la brune, s'enfonce, et alors celle-ci paroît à fleur de terre ; ailleurs cette pierre grise se relève, et porte la brune à une grande hauteur. Toutes deux sont de nature calcaire, avec un mélange d'argile. Ce genre de pierre est fort sujet à avoir ses couches fléchies ou ondées en forme d'S, de Z, ou de C. Près de la caverne, on voit une lacune dans le milieu des bancs du roc gris. Les couches minces ont rempli cette lacune, mais elles sont dans cet espace, extrêmement tourmentées.

Les roches calcaires de cet ordre, qui admettent de l'argile dans leur composition, sont souvent coupées par de grandes fissures perpendiculaires, quelquefois obliques aux plans de leurs couches. Ces fentes sont cause qu'il se détache de ces roches, de grands blocs cubiques ou rhomboïdaux; aussi l'on voit, sur cette route, un grand nombre de blocs qui présentent ces formes avec une régularité singulière.

A un kilomètre au delà du pied de la caverne, on rencontre des sources d'une eau parfaitement claire et de la plus grande fraîcheur, qu'on voit sortir de terre avec tant de force et d'abondance, qu'elles forment sur-le-champ une petite rivière qui va se jeter dans l'Arve. Mr Desaussure conjecture que ces belles sources sont l'écoulement des eaux d'un lac très élevé, appelé le lac de Flaine, et situé de l'autre côté de la montagne (1).

On aborde ici un de ces sites enchanteurs que les personnes sensibles aux beautés de la nature champêtre, vont chercher et admirer dans quelques parties de la Suisse. Il faudroit, pour le bien peindre, emprunter le secours de la poésie. C'est ici, c'est dans les bosquets charmans de Magland, que l'on pardonne à Mr Bourrit, de s'être laissé si souvent emporter aux transports d'une imagination trop ardente, et que l'on sent qu'il est possible, naturel même, de se passionner, quand on est entouré de mer-

---

(1) On trouve dans l'Itinéraire de M. J. P. Pictet, l'indication d'une autre route que l'on prend en sortant du village de Balme, et qui conduit à Servoz, en passant par les mines de houille, les bords du lac de Flaine, et le col d'Antherne.

veilles, où rien ne montre la main de l'art, et dont on seroit tenté de prendre le tableau, pour le rêve d'un jeune poëte ou celui d'un voyageur enthousiaste. Ici toutes les beautés du genre sont réunies. De vastes et superbes prairies que l'Arve côtoie, des bouquets de bois bien groupés, des collines verdoyantes, des rochers, des eaux vives ; tout est à sa place, tout concourt à produire des effets que n'obtiendront jamais l'équerre ni le compas. Quelles sont les situations de l'ame auxquelles ne puissent convenir ou prêter des charmes, de semblables retraites? Qui croiroit que ces lieux si agréables, faits seulement pour les scènes douces et sentimentales, ont été choisis par l'auteur d'un roman moderne, du genre sombre (1), pour le théâtre d'événemens lugubres, qu'un autre s'est empressé de transporter sur la scène. Les personnes qui ont parcouru ces belles et curieuses

_____
(1) Cœlina ou l'Enfant du mystère.

contrées, ont gémi de retrouver, dans un mélodrame bien triste et bien noir, le moulin et les rians bosquets de Magland et la cascade d'Arpenaz, que nous allons bientôt apercevoir. Ces auteurs, en cherchant à émouvoir vivement les lecteurs et les spectateurs par toutes ces oppositions, n'eussent pas dû oublier que

Les contradictions ne sont pas des contrastes.

Quand on jette les yeux sur la montagne, au pied de laquelle est bâti le beau village de Magland, on ne peut se défendre d'un sentiment d'effroi, en songeant qu'un jour peut-être, des quartiers de rochers, séparés du corps de la montagne, viendront détruire ces paisibles habitations. Déjà d'énormes blocs s'en sont détachés et ont roulé jusques dans les prairies. La population de Magland excède 1700 individus. Ils sont actifs et très propres au commerce qu'ils vont exercer au loin, pour revenir ensuite vivre paisiblement dans leur patrie.

Plusieurs chefs de grandes maisons en Suisse, en Allemagne, sont de Magland. Je n'ai pas été à portée de vérifier si, comme l'assure M. Bourrit, les femmes de ce village sont généralement belles.

Un peu au-delà, les guides qui conduisent les étrangers aux glaciers, font tirer des grenades pour entendre les échos qui sont ici d'une beauté remarquable. Le coup se répète un très grand nombre de fois, après quoi les rochers propageant et répétant toujours le même son, produisent un long retentissement, semblable en grand à celui que rend un clavecin, quand on le heurte avec force.

A une petite l. (4 kil.) de Magland, on rencontre de grands blocs de marbre gris, qui, pendant l'hiver de 1776, se détachèrent du haut de la montagne, et roulèrent jusques sur le chemin, et même par delà. En levant les yeux sur la gauche, on voit à la hauteur d'environ 1500 p. ($487^m 25$) la place qu'ils ont abandonnée. Cette place vide forme une niche couverte encore d'un grand plateau sur lequel croissent des arbres. La forme de cette niche est celle d'un prisme triangulaire, dont la base est un triangle rectangle. Les couches du rocher paroissent horizontales; mais avant la chûte de ces blocs, elles étoient fendues verticalement. Des eaux qui avoient pénétré dans les fentes, s'étant gelées par le grand froid de 1776, leur dilatation sépara et détacha ces grandes masses.

Près de là est une jolie cascade, formée par un ruisseau appelé le *Nant d'Arpenaz* (1); dont la chûte est d'en-

---

(1) *Nant*, Eau, Rivière, Ruisseau, Torrent. Il est employé communément en Savoie, pour désigner un torrent, le *Nant noir*, le *Nant sauvage*, etc. Il y est entré, ainsi qu'en plusieurs parties de la France, dans la composition des noms de divers lieux situés sur le bord des lacs, et dans le voisinage des ruisseaux ou torrens, comme *Nantua*, etc. Il y a peu de mots qui appartiennent à un aussi grand nombre de langues que celui-ci. On le

viron 260 mètres (800 p.) Les amateurs de géologie observent avec intérêt les formes diverses qu'ont affectées les couches du rocher calcaire, du haut duquel tombe ce ruisseau. Sur aucun point de la route, ces sortes de couches ne sont aussi remarquables. M.r Bourrit en a exécuté un très bon dessin sous les yeux mêmes de M.r Desaussure.

Le rocher de la cascade cache entièrement une montagne plus élevée que lui, mais en avant de laquelle il est placé. Les couches de cette montagne sont la continuation des couches supérieures de ce rocher, et forment des arcs concentriques tournés en sens contraire, en sorte que la totalité de ces couches a la forme d'une S, dont

---

retrouve absolument le même, ou avec de légères modifications qui ne permettent pas de méconnoître l'identité, dans l'Hébreu, le Chaldéen, le Grec, l'Arabe, le Persan, le Hongrois, l'ancien Saxon, l'Ecossais, etc. toutes langues dans lesquelles il conserve la même signification.

la partie supérieure se recourbe fort en arrière. Ces grands objets doivent être vus de loin et sous différentes faces, pour que l'on puisse saisir l'ensemble de leurs formes; mais il faut se rapprocher ensuite pour en observer les détails.

Vis-à-vis de la cascade, de l'autre côté de la rivière, on voit une chaîne de montagnes extrêmement élevées, qui présentent leurs escarpemens au-dessus de Sallanches, et contre le Mont-Blanc. Leurs couches descendent par conséquent vers la vallée du *Réposoir*, située à leur pied au nord-ouest; mais au pied des escarpemens de cette même chaîne, on voit une rangée de basses montagnes parallèles à sa direction, inclinées en appui contre ses escarpemens, et qui descendent en pente douce vers Sallanches.

De la cascade jusqu'à Saint-Martin, on voit fréquemment à sa gauche des couches singulièrement contournées. Quelques-unes forment presqu'un cercle entier. Les plus remarquables sont à deux kilomètres de la cascade. Elles représentent des arcs, dont les convexités se regardent à peu près de cette manière)(, mais avec des plans situés obliquement entre les deux convexités et des couches planes et horizontales, immédiatement au-dessus de l'arc de la gauche. Un peu avant que d'arriver à Saint-Martin, on voit les premières ardoises de cette route. Leurs couches sont entremêlées des couches brisées et tourmentées d'une espèce de marbre noir, fragiles, épaisses de 8 à 10 centimètres. Un monticule placé sur la gauche du chemin, n'est formé que de ces deux espèces de pierres mélangées. L'observation de ces sortes de passages d'un ordre de roches à un autre, offre toujours de l'instruction.

CHAPITRE XIII.

Saint-Martin, *Aspect du Mont-Blanc*, Sallanches, *son origine, Industrie, Commerce, Collége, Chapelle de la Vierge, Hommes illustres, Torrens, Beaux aspects,* Saint-Gervais, *Eaux minérales, Route nouvelle.*

Saint-Martin est un pauvre village situé au bord de l'Arve, vis-à-vis la ville de Sallanches, qui en est éloignée d'un demi kilomètre. On nous avoit recommandé à Genève de descendre à l'auberge de Saint-Martin, qui n'offre cependant aux voyageurs d'autre avantage sur celle de Sallanches, que celui de sa position sur le grand chemin. Nous nous hâtâmes donc d'y mettre nos chevaux, et de profiter du reste du jour pour aller jouir, de l'autre côté de Sallanches, du superbe coup d'œil que présente le Mont-Blanc au coucher du soleil. Déjà nous avions aperçu, entre la cascade et Saint-Martin, son sommet qui est caché pendant presque toute la route, par les hauteurs dont on est environné. Nous traversâmes la ville très précipitamment, et arrivés sur un tertre gazonné qui la domine, nous eûmes le magnifique spectacle de ce colosse énorme, qui depuis là, paroît d'une hauteur prodigieuse ; mais il n'étonne jamais plus que lorsque des nuages cachent la plus grande partie de son corps, et qu'il se forme dans ces nuages un vide qui ne laisse voir que sa cime. Alors il est impossible de comprendre que ce qu'on voit puisse être un objet terrestre. Ceux qui le voient de là pour la première fois, s'obstinent à croire que c'est un de ces nuages blancs qui s'amoncèlent quelquefois à une grande hauteur par-dessus les cimes des montagnes. Il faut, pour les désabuser, que les nuages se dissipent, et laissent à découvert la grande et solide base qui unit à la terre cette cime qui se perd dans les cieux (1). Nous fûmes assez heureux pour jouir de ces différentes alternatives.

La petite ville de Sallanches, chef-lieu d'un canton du Département du Léman, est mal bâtie, et ne compte que 1525 ames de population : elle est au pied du Mont-Blanc, sur la rive gauche de l'Arve, dont les inondations l'ont ravagée plusieurs fois. On ne connoît rien de positif sur son origine. Si l'on s'en rapporte à la tradition du pays, elle a été fondée par les habitans d'une ville appelée *Dionisia*, située plus haut vers Passy, et que l'écoulement d'un lac détruisit à une époque que l'on n'indique pas. M. Albanis-Beaumont, qui révoque ce fait en doute, pense que Sallanches, qu'il nomme *Oppidum Salassi* ou *Salassorum*, doit son origine à une colonie de Salasses, peuple qui

---

(1) Une grande partie de ce morceau est de M. Desaussure.

occupoit le Val-d'Aost. Ni l'une ni l'autre de ces conjectures ne s'appuient sur des monumens.

Les anciens Barons de Faucigny firent construire un château fort à Sallanches, qu'ils entourèrent de murs, de tours et de fossés. Après qu'il eût passé sous la domination du Duc de Savoie, ses habitans ayant eu quelques occasions de donner à leurs nouveaux Souverains des preuves de leur fidélité dans les guerres dont la Savoie a été le théâtre, ils en furent récompensés par divers priviléges, entre autres, par celui du Papegai (1).

La position de cette ville, au centre du haut Faucigny, et sur la route de Genève à Chamouni, est favorable à l'industrie et à l'esprit commercial des habitans. Elle a conservé quelques fabriques, et exporte des cuirs, des toiles et du kirschwasser. Ce dernier article, qui passe en Allemagne et en Suisse, lui rapporte beaucoup d'ar-

---

(1) Voyez pages 126 et suiv.

gent. Il se fait dans ses foires et dans ses marchés un commerce considérable de bestiaux, et surtout de mulets qu'y amènent les habitans des vallées voisines, et qui sont conduits en Italie, en France, et jusqu'en Espagne, où la race des mulets de Savoie est très recherchée. L'ancien Gouvernement avoit établi un haras à Sallanches pour la perfectionner encore.

Sallanches avoit autrefois un collége qu'il devoit à des fondations particulières, et que la nouvelle organisation de l'Instruction publique lui a conservé pour l'enseignement du latin et des mathématiques. Le Chapitre de cette ville, fondé depuis près de 700 ans, étoit fort riche et Seigneur de plusieurs villages, et de la vallée de Chamouni toute entière. Il y avoit en outre, à Sallanches deux couvens; à l'extérieur de l'un d'eux étoit une chapelle dédiée à Notre-Dame (1), dans

---

(1) M. Bourrit, qui a plusieurs fois transcrit ces vers, place ainsi cette chapelle dans

laquelle on lisoit au-dessous de la statue de la Vierge, ces quatre vers, qu'on pourroit s'étonner de rencontrer dans une pauvre chapelle au fond de la Savoie ; car, bien que très médiocres, ils le sont moins encore qu'une foule de devises et d'inscriptions pieuses qu'on trouvoit jadis en France dans beaucoup d'églises de villes.

Vous que le ciel couronne et la terre révère,
Fille du Tout-Puissant, et mère de son fils,
Vous qu'il daigna lui-même appeler notre mère,
Daignez de vos enfans écarter les périls.

Sallanches est la patrie de plusieurs Evêques de Grenoble, Genève, etc. et d'hommes qui se sont rendus célèbres dans les lettres et dans les arts. Je me bornerai à citer le P. Annibal

---

un de ses ouvrages. On voit cependant dans son *Itinéraire de Genève, de Chamouni*, etc. dont la troisième édition a paru en 1808, qu'on lisoit cette inscription sur le pont de Sallanches, renversé il y a plus de trente ans par la violence de l'Arve.

Codret, Jésuite, versé dans la connoissance des langues hébraïque, grecque, latine, italienne, espagnole et française, et auteur d'ouvrages sur la grammaire latine; l'avocat J. A. Guer, auquel on doit le *Décameron historique*, *l'Histoire critique de l'ame des bêtes*, et d'autres ouvrages auxquels il n'a pas mis son nom (1); et M. Grod, peintre de portraits, qui a passé sa vie à Paris où ses talens lui ont procuré de la célébrité et de la fortune.

La ville est traversée par un torrent qui porte son nom et qui roule de gros blocs de granits de différentes espèces. Le terrain dans lequel il a creusé son lit, est un schiste mêlé de parcelles de mica, qui laisse effleurir à sa surface et à la profondeur de quelques pouces, du sulfate de magnésie, que M. le professeur Tingry,

---

(1) Voyez le Dictionnaire des ouvrages anonymes et pseudonymes, par M. A. A. Barbier, *Table des matières.*

de Genève, a reconnu par une savante analyse; son mémoire est dans la collection de ceux de l'Académie de Turin (1). En remontant ce torrent, on passe par un lieu, d'un aspect sauvage, auprès duquel des moulins sont situés, et qu'on appeloit, je ne sais pourquoi, *les horreurs de la Frasque*, car cette retraite solitaire et tranquille a des beautés qui y retiendront quelques instans les personnes affectées d'un sentiment profond, ou pour lesquelles la mélancolie a des charmes. En continuant de monter, on ne tarde guères à jouir d'une très belle vue qui s'étend sur le cours de l'Arve et sur le penchant des montagnes qui le bordent. Peu de temps après, on parvient, par une marche un peu pénible, à une sommité d'où l'on aperçoit, d'un côté, les glaciers du Mont-Blanc et ses neiges éternelles; de l'autre, la vallée de Magland, ses montagnes et ses pâturages, et à ses pieds l'antre de la

_____

(1) Années 1784 — 1785, 2.e partie.

Frasque formant un précipice affreux. L'immensité du tableau dédommage bien des fatigues qu'a coûtées sa jouissance. M. Bourrit, qui a fait connoître ce site, désigne le nommé Alexis Chenu, comme un fort bon guide pour cette course comme pour toutes celles qu'on pourroit désirer de faire dans les environs (1).

On a découvert depuis peu d'années, près de Saint-Gervais, village à six kilomètres (une lieue et demie) de Sallanches, une source d'eaux thermales. L'analyse en ayant été faite à Genève (2), le propriétaire a fait construire les bâtimens nécessaires pour y recevoir des malades. Ses bains ont été très fréquentés cette année (1810). Ils

---

(1) Les autres guides que l'on prend ordinairement, sont les nommés Marie Chenet, aubergiste, et André Berthelet, de Saint-Martin ; Joseph Joli et Marie Vesin, de Sallanches.

(2) Voyez les description et analyse de cette source dans la *Bibliothèque britannique*, tome 34.ᵉ, Sciences et arts.

ont déjà opéré des cures remarquables, et sont reconnus pour être aussi efficaces que ceux de Leuch, d'Aix en Savoie et de Plombières. On s'y rend de Sallanches, en suivant la rive gauche de l'Arve, par un chemin fort commode qui côtoie des montagnes élevées. Elles sont d'ardoise, mais parsemées de grands blocs de granit, qui y ont été transportés par d'anciennes révolutions ; un d'eux mérite d'être observé. Sa surface est de $6^m 5o$ (vingt pieds) de diamètre, et parfaitement plane ; il paroît composé en entier, de tables semblables parallèles entre elles. Un peu avant que d'arriver au pont du Bonnant, si on se détourne sur la droite, on trouve dans un torrent qui descend de la montagne de Lacha, de très beaux jaspes. En remontant ce torrent, pendant l'espace d'un quart d'heure, on remarque de hautes pyramides de terre, rondes, presque du même diamètre dans toute leur longueur, et recouvertes de grosses pierres qui ne les écrasent pas malgré leur poids énorme. M. J. P. Pictet conjecture que la formation de ces pyramides est due à ces pierres qui ont empêché l'érosion des eaux partout où elles ont couvert le terrain. Saint-Gervais est situé à l'entrée de la vallée de Mont-Joye. A quelque distance de ce village, a été découverte une mine de plomb tenant argent.

On projette l'établissement d'une route qui rendra bien plus commodes les voyages de Chamouni, où l'on pourra arriver sans changer de voiture, depuis Genève. Cette route, bien plus directe, doit passer par Sallanches, le pont du Bonnant et le Chatelard, et ne rejoindre la route actuellement existante, qu'après le pont Pélissier, en épargnant beaucoup de chemin et évitant les passages affreux qu'offre celle-ci, sur quelques-uns de ses points. Si, comme tout le fait espérer, cette route s'exécute, on pourra se rendre en un jour de Genève à Saint-Gervais, où le propriétaire des bains a l'intention de faire bâtir une grande auberge, et de tenir des chars-à-bancs, pour le service des voyageurs.

CHAPITRE XIV.

Aiguille de Varens, Pont sur l'Arve, Auberge de Saint-Martin, Album, Passage de Sa Majesté l'Impératrice Joséphine.

En retournant de Sallanches à Saint-Martin, on a en face une belle montagne calcaire, dont l'élévation, au-dessus du niveau de la mer, est de 1388 toises ($2705^m\,26$), et dont la cime, qui se nomme l'Aiguille de Varens, a une forme triangulaire. Elle ne présente, du côté du nord, que les tranches escarpées de ses couches; mais sur les faces qui regardent Sallanches et le village de Passy, on voit des champs, des pâturages, des chalets, etc. Le sommet de cette montagne est composé d'une pierre calcaire grise; mais plus bas, on y trouve des bancs d'une pierre brune à couches minces. A sa base, au-dessus de Saint-Martin, on a ouvert dans les schistes, des carrières d'où l'on extrait de très belles ardoises dont on fait usage dans la vallée.

Le pont sur lequel on traverse l'Arve, a souvent été emporté par les inondations du torrent. Son élévation au-dessus du lac de Genève, est de $175^m 41$ (90 toises), et de $541^m 83$ (278 toises) au-dessus de la mer. On y jouit de la vue du Mont-Blanc; et quand on arrive trop tard au village de Saint-Martin, pour aller contempler cette montagne, au coucher du soleil, depuis les hauteurs qui dominent Sallanches, on se contente de l'observer en se plaçant sur ce pont.

L'aubergiste de Saint-Martin, M. Chenet, tenoit autrefois une auberge à Sallanches, où il a reçu pendant plusieurs années, les principaux voyageurs qui se rendoient à Chamouni. La maison qu'il occupoit, est à l'entrée de la ville, et sert encore d'auberge. Plusieurs personnes la choisissent de préférence, parce que de sa galerie, on aperçoit le Mont-Blanc en face, et parfaitement à découvert. M. Chenet, qui se glorifie d'avoir hébergé, et même conduit sur plusieurs points des environs, des personnages illustres, a eu tout récemment l'honneur de recevoir Sa Majesté l'Impératrice Joséphine, que nous avions rencontrée à Genève au moment de notre arrivée.

Ainsi que dans les auberges ou dans les hospices des principaux passages des Alpes, tant en Suisse qu'en Savoie, on trouve chez M. Chenet, un registre où, si bon leur semble, les voyageurs écrivent leur nom, et l'accompagnent de sentences ou de quelques phrases en prose ou en vers, par lesquelles ils expriment les sensations que l'aspect des lieux leur a fait éprouver. Cet usage, qui vient du nord, où ces sortes de livres portent le nom d'*Album*, fournit aux habitans des contrées éloignées, transportés à de si grandes distances de leur pays, l'occasion de consigner un témoignage de leur tendre souvenir de leur patrie, leurs parens et leurs amis. Il donne par fois naissance, il est vrai, à de bien mauvais vers; mais quand ils sont inspirés par la sensibilité, ou l'admiration que causent les grands spectacles de la nature, ils trouvent facilement grâce aux yeux des voyageurs qui seuls sont appelés à les lire, et qui le font avec d'autant plus d'indulgence, qu'ils partagent les mêmes sentimens. Ces recueils contiennent quelquefois des observations piquantes, des anecdotes, des pensées exprimées avec délicatesse ou élévation; mais aussi de jeunes éventés qui viennent traîner à Chamouni leurs ridicules et leurs travers, les rendent inconsidérément dépositaires de phrases triviales qui blessent la décence et la raison, et que les aubergistes s'empressent d'effacer, quand ils les découvrent.

Le registre de M. Chenet a été presqu'entièrement détruit pendant la guerre. Il va être remplacé par un nouveau. Le peu qui reste de l'ancien m'a fait regretter ce qui est perdu. Beaucoup de savans voyageurs de toutes les nations, s'y étoient inscrits, et quelques-uns avoient ajouté à leurs noms des particularités intéressantes. M. Desaussure y avoit indiqué tous ses passages. Je n'ai trouvé que l'une de ses notes, qui est ainsi conçue :

« Desaussure revenant, pour la « quatorzième fois, des glaciers de « Chamouni. Ce 30 août 1786. »

Pour donner une idée du genre de notes que l'on porte sur ces registres, j'en citerai quelques-unes prises sur celui de M. Chenet.

Sous la date du 24 juin 1787.

Salut aux voyageurs dont l'active pensée,
Brûle de contempler cette plaine glacée,
Dont les solides flots couvrent le Montanvert,
Où Phébus est sans force, et Neptune est aux fers.

Aux bosquets de Magland.

Répondez-moi, rians bosquets,
Ne cachez-vous point de bergères ?
L'Amour n'a-t-il pas de secrets
A dire à ces lieux solitaires ?
Dans ces vallons délicieux,
Où l'onde se joue et murmure,
Je n'y vois point de cœurs heureux,
Qui, du séjour même des Dieux,
Forment la plus belle parure.
Aux seuls passagers le bonheur
Y semble offert par la nature.
Amis, livrons-lui notre cœur,
Demain, de sa légère fleur
Le parfum sera moins flatteur,
Ou la beauté sera moins pure.

F. VERNES, *de Genève.*

La note suivante paroît n'être qu'une plaisanterie :

« *Mohammet Ali, neveu de Mahmoud Ali, Pacha de Saloniche, a passé ici le 18 de la lune de Zeliroé, allant aux glaciers, admirer la puissance du créateur, et boire du vin de Nice, détrempé dans la glace du Mont-Blanc, à la santé de Mohammed-Alla.* »

Peu de jours avant notre arrivée, Mademoiselle Bourrit avoit écrit sur le registre, qu'en octobre 1810, *la fille de l'Historien des Alpes*, étoit restée pendant quelques jours à l'auberge de Saint-Martin, et n'avoit eu qu'à se louer des soins et des attentions de M. et de Mme Chenet.

Le passage de l'Impératrice Joséphine avoit été soigneusement noté, ainsi que le nom des personnes de sa suite ; et à cette occasion, une petite fille, toute fière d'avoir été accueillie avec bonté par S. M., avoit griffonné ces mots sur le registre :

« L'Impératrice Joséphine a parlé à ma sœur ; elle m'a dit à moi que j'étois joliette. »

CHAPITRE XV.

Continuation de la route, Inondations de l'Arve, Nant Sauvage, Passy, *Antiquités, Voie romaine.*

Nous sortîmes de grand matin de l'auberge, sous la conduite d'un guide que nous avoit procuré M. Chènet qui avoit fourni des mulets à mes compagnons de voyage; pour moi j'escortois la caravane à pied, suivant mon usage, et mon marteau à la main. Le guide montoit le mulet qui m'avoit été destiné, en attendant que je pusse charger ce dernier de fragmens de roches et de minéraux.

La route de Saint-Martin à Chamouni, étoit autrefois dangereuse, même à cheval. On ne pouvoit la faire en sureté qu'à pied, ou sur des mulets du pays; mais la grande affluence des étrangers a engagé le Gouvernement à faire élargir les chemins, et à adoucir un peu les pentes les plus rapides. Depuis lors, on peut faire cette route sur des chars étroits et légers; cependant il arrive encore assez fréquemment que l'Arve cause de si grands dégâts sur le chemin même, qu'on est obligé quelquefois de démonter le char-à-banc, ou tout au moins de prendre un homme de plus pour le soutenir dans les pas difficiles.

En sortant de Saint-Martin, on entre dans une belle route rectiligne, tracée sur le fond horizontal de la vallée. On regrette, en suivant cette route, la quantité de terrain que les débordemens de l'Arve rendent inutile, sur-tout si l'on réfléchit combien les terres arables sont précieuses dans ces pays montueux. Le fond de la vallée est si plat, que pour peu que la rivière déborde, elle l'inonde en entier; même dans les temps ordinaires, elle en couvre une grande partie, et le moindre obstacle lui fait changer de lit, presque d'un jour à l'autre. Si on pouvoit par une digue, la contenir dans un lit permanent, on y gagneroit presque 4 kilomètres carrés (une lieue) de terrain, qui seroit bientôt en valeur, parce que le limon de cette rivière est très fin et très fertile. Lorsque l'Arve est basse, cet espace sabloneux et aride, présente un aspect triste et ingrat; mais quand il est inondé, la vallée ressemble à un lac, et la ville de Sallanches, qui d'ici paroît au bord de ce lac, ses clochers brillans et élevés, et les collines boisées qui la dominent, couronnées par les cimes sourcilleuses de la haute chaîne du Reposoir, forment un tableau de la plus grande beauté (1).

---

(1) On peut juger par ce passage, qui est entièrement de la main de M. Desaussure, que ce savant distingué avoit beaucoup de goût et d'imagination. On trouve une foule de passages semblables dans son grand ouvrage, qui est encore le plus vaste dépôt de faits bien décrits, et d'observations profondes sur l'histoire de la terre. M. Desaussure a prouvé qu'il

On peut courir sur cette route le danger d'être surpris par des torrens qui se forment subitement, et descendent avec une violence incroyable du haut des montagnes qui sont sur la gauche de la grande route. Ces montagnes, presque toutes d'ardoise, et en plusieurs endroits, d'ardoise décomposée, renferment des espèces de bassins fort étendus, dans lesquels les orages accumulent quelquefois une quantité immense d'eau. Ces eaux,

---

possédoit au suprême degré les deux qualités opposées que, suivant M. de Buffon*, l'étude de la nature suppose dans l'esprit, les grandes vues d'un génie ardent qui embrasse tout d'un coup d'œil, et les petites attentions d'un instinct laborieux, qui ne s'attache qu'à un seul point. C'est la parfaite convenance de son style qui m'a fait désespérer de le remplacer dignement, et qui m'a porté à employer le texte même de son ouvrage pour presque toutes les observations minéralogiques de la route. *Voyez* pag. 15 et 95 *note*.

* Discours sur la manière d'étudier et de traiter l'Histoire naturelle. Buffon, *de l'imprimerie royale*, tom. 1.er

lorsqu'elles parviennent à une certaine hauteur, rompent tout-à-coup quelqu'une des parois peu solides de leurs réservoirs, et descendent alors avec une impétuosité terrible. Ce n'est pas de l'eau pure, mais une espèce de boue liquide, mêlée d'ardoise décomposée et de fragmens de rochers. La force impulsive de cette bouillie dense et visqueuse, est incompréhensible ; elle entraîne des rochers, renverse les édifices qui se trouvent sur son passage, déracine les plus grands arbres, et désole les campagnes, en creusant de profondes ravines et en couvrant les terres d'une épaisseur considérable de limon, de gravier et de fragmens de rochers. Lorsque les gens du pays voient venir ce torrent qu'ils nomment le *Nant sauvage*, ils poussent de grands cris pour avertir ceux qui sont au-dessous, de fuir loin de son passage. On comprend que dès que le réservoir est vidé, le torrent cesse, ou du moins diminue considérablement. Il dure rarement plus d'une heure. M. Desaussure qui décrit cet accident très rare, n'en a été qu'une seule fois témoin, en 1767. Il dit que rien ne peut exprimer l'horreur du spectacle ; les ardoises décomposées formoient une boue épaisse dont les vagues noires rendoient un son sourd et lugubre, et malgré la lenteur avec laquelle elles sembloient se mouvoir, on les voyoit rouler des troncs d'arbres et des blocs de rochers d'un volume et d'un poids considérables.

Le pied des montagnes que l'on côtoie à gauche, est, ou d'ardoise, ou de cette pierre calcaire brune à couches minces, dont j'ai déjà parlé. On voit dans ces ardoises, des mélanges bien remarquables de feuillets schisteux noirs bien décidés, et de couches ou de feuillets minces de spath blanc calcaire. On en voit d'autres qui sont mélangées de la même manière avec du quartz. Ces feuillets sont tantôt plans, tantôt ondés et tortueux. Dans quelques morceaux, ils se croisent à angles droits, en sorte que la pierre ressemble à un échiquier à très petits carreaux.

La grande route laisse sur sa gauche le beau village de Passy, situé sur un côteau planté de vignes et d'arbres fruitiers. Ce village est fort grand, mais les vergers dont il est entouré, ne laissent apercevoir que l'église et quelques maisons éparses. Au-dessus sont des bois, plus haut, des prairies, et plus haut encore, une chaîne de rochers calcaires très élevés, qui présentent leurs escarpemens à la chaîne centrale des Alpes.

Les amateurs des monumens antiques se détournent pour aller observer les deux inscriptions suivantes, placées au portail de l'église du village, et qui sont bien conservées (1) :

---

(1) M. Bourrit a fait connoître le premier ces inscriptions auxquelles il donne l'interprétation suivante :

Marti Aulus Isugius, Auli filius, Volvaturus flamen Augustalis II vir aerari ex voto.

Marti Augusto pro salute Lucii Vibii,

MARTI
A. ISUCTUS A. F.
VOLVATURUS
FLAMEN AUG.
IIVIR ÆRARI
EX VOTO.

MARTI AUG.
PRO SALUTE
L. VIBI. L. FILI
FLAVINI
L. VIBIUS VESTINNUS
PATER
IIVIR JURIDIC.
IIIVIR LOCO p. p.
EX VOTO.

On présume que ces deux inscriptions avoient été originairement pla-

---

Lucii filii Flavini Lucius Vibius Vestinnus, pater Duumvir juridicendo, Triumvir, loco publico posuit ex voto.

J'ai donné les inscriptions telles que les a fait graver M. Albanis-Beaumont, qui les a copiées lui-même avec le plus grand soin.

cées dans un temple que les Romains avoient élevé au Dieu Mars, et dont on croit reconnoître les vestiges au lieu dit des *Outards,* sur le territoire de la commune de Passy. On y a trouvé de belles moulures en plâtre, des fragmens sculptés et plusieurs médailles, soit en or, soit en argent, portant l'effigie des premiers Empereurs (1). Les habitans prétendent que l'on s'aperçoit, en marchant autour des ruines, qu'il y a dans cet endroit plusieurs souterrains. La seconde inscription contient une action de grâces rendue au Dieu Mars, par L. Vibius-Vestinnus qui étoit alors un des *Duumvir juridicendo,* ou un des deux Magistrats de la province, pour avoir préservé son fils L. Vibius Flavinus de quelque danger imminent. La première est un

---

(1) M. Grillet cite une médaille d'or de Trajan, estimée valoir intrinséquement 85 francs, ce qui me paroît fort exagéré. Voyez le *Dictionnaire historique,* etc. *de la Savoie,* article *Passy.*

ex voto adressé au Dieu Mars par un nommé A. Isuctus, fils de Volvaturus, grand-prêtre, et l'un des deux trésoriers de la province (1). Ces deux monumens sont très importans, en ce qu'ils fournissent la preuve qu'à une époque très reculée, les Romains avoient introduit le culte de leurs Divinités dans cette partie des Gaules, et que les prêtres Flamines qui y étoient établis, remplissoient les Magistratures de Juges et de Duumvirs du trésor public.

L'auteur d'un ouvrage sur l'ancien état du Piémont Cispadan (2), pense que Passy est l'ancien *Vatusicum* ou *Vatiscum* dont parle Pline (3), à l'occasion des différens fromages des Alpes et de leurs qualités, et où il dit que les Centrons (4) du voisinage, apportoient leurs denrées pour les

---

(1) Interprétation de M. Albanis-Beaumont.
(2) Durandi, dans son *Piemonte Cispadano antico*.
(3) Liv. II, Chap. 42.
(4) Peuple de la Tarentaise.

vendre aux peuples voisins. M. Albanis-Beaumont contredit cette opinion, et place l'ancien *Vatiscum* au bourg de Tignes, non loin du petit Saint-Bernard, qui fournit encore de nos jours d'excellens fromages. Quoi qu'il en soit de ces conjectures, il n'est pas nécessaire que celle de Durandi se confirme, pour qu'il demeure bien prouvé qu'à Passy même, ou au moins sur son territoire, existoit, du temps des Romains, une bourgade très étendue où résidoient des Magistrats chargés de rendre la justice et de percevoir les deniers publics.

On a découvert, il y a peu de temps, auprès de ce village, une voie romaine du second ordre. Elle est entièrement pavée, large de $2^m 92$, (9 pieds), et très bien conservée en plusieurs endroits. Dans d'autres elle a été emportée par les éboulemens du terrain. Il est à présumer que cette route est celle dont parle Strabon (1),

---

(1) Liv. IV.

et qui conduisoit du Val d'Aoste, dans le Vallais, par les Alpes Pennines, en passant par Cormayeur, le sommet du Mont-Joux, et suivant le cours de l'Arve, par Sallanches, Magland, etc. Elle a été omise par Antonin et Peutinger, parce qu'elle n'étoit praticable que quatre ou cinq mois de l'année.

CHAPITRE XVI.

Chède, *Ancienne ville, Cascade, Goîtres, Lac, Bel aspect du Mont-Blanc, Chute de l'Arve.*

Après que l'on a suivi pendant une heure et demie le beau chemin tracé en ligne droite au fond de la vallée, on arrive à un petit hameau qu'on nomme Chède. Ici l'Arve, resserré entre des rochers, ne permet plus que l'on suive ses bords, il faut se diriger à gauche, et gravir assez haut sur le penchant de la montagne.

Le hameau de Chède ressort de la commune de Passy. C'est dans la plaine qu'il domine, que la tradition place la ville de *Dionisia* ou *Diouza*, dont j'ai parlé plus haut (1). On prétend qu'elle fut tout-à-coup enfouie et recouverte de gravier, par l'écoulement subit d'un lac qui existoit à Servoz, et qui rompit les terrains qui le retenoient. Le lieu par lequel on présume qu'il s'écoula tout entier, s'appelle encore aujourd'hui le *Pertrui*. Les érosions de l'Arve mirent au jour, il y a quelques années, le sommet d'une cheminée qui devoit appartenir à une des maisons dépendantes de la ville de Dionisia, mais les habitans n'entreprirent aucune recherche ultérieure.

De l'autre côté de l'Arve, on voit le village de Saint-Gervais, à l'entrée d'une vallée que l'on suit, en allant à l'Allée blanche. On aperçoit même

---

(1) Page 151.

dans cette direction les bases du Mont-Blanc. Le village de Saint-Gervais est élevé de 48 à 64 mètres (150 à 200 p.) au-dessus de l'Arve. Le terrain, coupé à pic dans cet intervalle, paroît en entier composé de sable et de débris accumulés à l'extrémité de cette vallée par le torrent qui en sort, ou peut-être, par des torrens plus considérables qui ont anciennement occupé la même place.

On quitte ordinairement les mulets et les chars à banc, au bas du côteau de Chède, pour gravir à gauche un sentier assez roide, qui conduit à une jolie cascade, et plus loin, à un lac placé dans la situation la plus pittoresque. Pendant cette excursion, les mulets sont conduits au lieu où l'on doit les reprendre, par quelques enfans du hameau qui s'empressent d'offrir leurs services aux voyageurs, et pour lesquels il faut faire provision de menue monnoie. Pour jouir de toute la beauté de la cascade, vue avec son arc-en-ciel, il ne faut pas arriver auprès d'elle avant le lever du soleil. Sa chute a creusé un gouffre dont on doit prendre garde d'approcher de trop près, parce que la pente est rapide, et que le sol, dont l'humidité est continuellement entretenue par les jaillissemens de l'eau, est très glissant. M. Bourrit a fait de cette cascade un joli dessin, dont on trouve la gravure chez Monti à Genève.

En continuant de monter, nous traversâmes le hameau, dont nous trouvâmes les habitans occupés de la fabrication de leur cidre, avec un mélange de pommes de différentes espèces parmi lesquelles nous en choisîmes de fort belles. Plusieurs d'entre eux portoient des goîtres énormes qu'ils doivent sans doute à l'air stagnant qu'ils respirent dans l'espèce de cul-de-sac que forme le retour de la montagne, et où Chède est placé à l'abri des vents du nord et sur une pente qui regarde le sud-ouest. Le côteau sur lequel il s'élève, est couvert d'arbres fruitiers et de prés bordés de haies et de palissades, entre lesquelles nous parvînmes enfin à un petit lac entouré de beaux arbres, et ayant d'un côté une charmante prairie, et de l'autre un rocher couvert de mousse. Combien, pendant les chaleurs de l'été, doit être agréable, sur ses bords, le repos acheté par la fatigue du chemin ! On a décoré un peu pompeusement cette petite pièce d'eau du nom de lac; mais, comme l'observe M. Desaussure, c'est plutôt un joli réservoir qu'on diroit creusé par les mains de la nature, pour retenir les eaux d'un ruisseau qui tombe de la montagne, et qui, en s'échappant du réservoir, passe sous le chemin, tombe en cascade, et fait tourner des moulins construits sur son passage. Quoique cette eau, par sa parfaite limpidité et son renouvellement continuel, soit très favorable à la truite, cependant on n'a jamais pu parvenir à en peupler le lac. Notre guide nous a assuré que les couleuvres qui s'y trouvent en très grande quantité, ont toujours dévoré celles que l'on y a mises à différentes reprises. De ses bords on aperçoit les cimes neigées et les glaces éblouissantes du Mont-Blanc, avec leurs formes arrondies et leurs énormes crevasses, par-dessus le sommet des montagnes boisées, de l'autre côté de l'Arve. On se feroit difficilement une idée de l'immensité et de la magnificence du spectacle.

Le petit lac de Chède a été gravé plusieurs fois. M. Bourrit, qui a indiqué ce site aux artistes et aux amis de la nature, en a fait un très beau tableau, qui se trouvoit dans le cabinet de M. Necker, auquel la République de Genève en avoit fait présent; il en a depuis exécuté de nouveaux dessins qui ont paru dans deux de ses ouvrages, et qui ont été gravés sur une échelle beaucoup plus grande, pour les rendre propres à figurer dans les cabinets; mais le lac étant l'objet principal de ces diverses gravures, M. Bourrit, pour ajouter à leur effet, a de beaucoup augmenté son étendue.

A notre retour de Chamouni, m'étant arrêté quelque temps à l'établissement des mines de Servoz, mes compagnons de voyage m'avoient devancé, emmenant le guide avec eux. En approchant de Chède, je crus abréger ma route, en allant chercher le chemin par lequel passent les mulets des voyageurs, conduits par les enfans du hameau ; je me trompai et je pris à gauche en suivant le ruisseau qui sort du lac de Chède. Bientôt, les arbres dont j'étois entouré, les prairies que je côtoyois, m'empêchèrent de m'apercevoir de mon erreur, et j'arrivai sur les bords de l'Arve qui m'offrit le coup d'œil terrible de son cours à travers des fragmens énormes de roches qui lui disputoient en vain le passage. Je reconnus le site si bien décrit par M. Bourrit, et dont parle M. Desaussure. Pour jouir pleinement de sa vue, je traversai le pont aux Chèvres, ainsi nommé, parce qu'il ne consiste qu'en deux planches, et que dans les grandes crues de l'Arve, causées par la fonte des neiges, il n'y a guères que des chèvres qui osent s'y exposer. Je remontai le cours de l'Arve pendant quelques instans, par un sentier très peu commode, qui côtoie des précipices, et je ne tardai pas à voir le torrent se briser avec un fracas vraiment épouvantable, entre des rochers entassés au fond d'une ravine creusée à une profondeur de plusieurs centaines de pieds. Suspendu sur le gouffre, étourdi du bruit, les yeux fixés sur ces énormes débris de roches et sur cette eau bourbeuse qui s'abîme et se renouvelle sans cesse, le voyageur se croit resté seul sur les ruines du globe, et balance entre l'effroi qui le repousse du spectacle de la destruction et la grandeur de la scène qui l'y retient. Quoique la saison ne fût pas très favorable à l'observation de cette scène d'horreur, il me fut facile d'y suppléer par l'imagination, et je ne regrettai pas la fatigue que me coûta mon retour sur la grande route.

Quand on se rend à Chamouni à

pied, on peut, si l'on veut épargner une heure de marche, descendre au pont aux Chèvres, en quittant le lac de Chède; on entre de là dans le vallon du Chatelard, par lequel doit passer la route projetée dont j'ai déjà parlé; et après avoir traversé le hameau de ce nom, on arrive au pont Pélissier, en suivant le même vallon. La route de Servoz, quoique moins sauvage, n'est pas moins intéressante.

Quoique nous ne vissions pas ce joli lac dans le moment de l'année qui lui est le plus avantageux, cependant, nous ne quittâmes pas, sans quelques regrets, ses bords tranquilles et ses magnifiques aspects. Mes compagnons se juchèrent sur leurs mulets qui les attendoient à quelques pas de là; et nous nous acheminâmes vers Servoz.

CHAPITRE XVII.

Continuation de la route, Prétendu Volcan, Chute d'une montagne, Nature des blocs, Nant noir, Vallée de Servoz, Ancien lac, le Bouchet, *Torrent de la Diouza.*

En faisant cette route, on voit sur la gauche la continuation des rocs escarpés qui couronnent les montagnes placées au-dessus de Passy. Un de ces rochers est si élevé et en même temps si mince, que l'on a peine à concevoir qu'il puisse se tenir debout et résister aux orages. C'est auprès de cette sommité, qu'étoit située une montagne qui s'éboula en 1751, avec un fracas si épouvantable et une poussière si épaisse et si obscure, que bien des gens crurent que c'étoit la fin du monde. Cette poussière noire passa pour de la fumée. Les yeux préoccupés par la crainte, virent des flammes au milieu de ces tourbillons de fumée. On écrivit à Turin qu'un volcan terrible avoit éclaté au milieu de ces montagnes, et le Roi envoya le célèbre naturaliste Vitaliano Donati, pour vérifier ce rapport. Il vint avec une très grande diligence, avant que les rochers n'eussent achevé de s'ébouler, en sorte qu'il fut encore témoin d'une partie de cet événement. Il rendit au Roi un compte détaillé de ses observations. On trouve dans l'ouvrage de M. Desaussure une lettre de ce savant Italien, par laquelle il en donne une idée succincte à un de ses amis.

On y voit que par suite d'éboulemens successifs qui s'étoient faits les années précédentes, un énorme rocher étoit demeuré sans appui et avec un surplomb considérable. Ce rocher étoit composé de bancs horizontaux d'ardoise et d'une espèce de marbre rempli de fentes transversales à ses couches. Son plan supérieur étoit une énorme couche d'ardoise à feuillets verticaux entièrement désunis. Sur le même plan se trouvoient trois lacs dont les eaux pénétroient continuellement par les fentes des couches, les séparoient et décomposoient leurs supports. La neige qui, cette année, étoit tombée en Savoie, en si grande abondance, que de mémoire d'homme, on n'en avoit vu autant, ayant augmenté l'effort, toutes ces eaux réunies produisirent la chute de trois millions de toises cubes de rochers. Des masses énormes de pierres se détachoient continuellement de jour et de nuit, avec un bruit semblable à celui du tonnerre ou d'une grande batterie de canons. Toutes les campagnes voisines étoient couvertes d'une poussière qui ressembloit effectivement à de la cendre, mais qui n'étoit que du marbre pilé, et qui, en quelques endroits, avoit été transportée par les vents à la distance de 2 myr. (5 lieues.) M. Donati se rendit à travers cette prétendue fumée, sur les bords de l'abîme, et fut témoin des éboulemens dont il prévit la cessation prochaine. Les ruines de cette montagne, appelée le *Mont d'Anterne*, sont situées au nord-est du village de Servoz. Fort heureusement pour ses habitans, ce terrible événement commença un dimanche, et pendant qu'ils étoient à l'église. Il coûta la vie à quelques enfans et aux troupeaux qu'ils gardoient.

La route que nous suivions, traverse sur le penchant des montagnes un espace assez considérable, parsemé de grands fragmens détachés du haut de la chaîne, dont le Mont d'Anterne faisoit partie, et qui peuvent faire juger de sa nature. On y observe, 1.° de gros blocs d'une pierre calcaire, ou d'une espèce de marbre gris traversé par des veines blanches de spath, sans aucun vestige de corps marins.

2.° Des morceaux d'une ardoise dont les feuillets irrégulièrement ondés, sont mêlés de veines et de couches minces, tantôt de quartz et tantôt de spath.

3.° Des fragmens d'une espèce de

grès verdâtre, extérieurement tacheté, fort dur, d'un grain très fin, et qui admet dans sa composition un peu de chaux que décèle la légère effervescence qu'y produit l'acide nitrique. M. Desaussure a vu en Italie des ouvrages antiques que l'on disoit de basalte, mais qui lui ont paru d'un genre de pierre très ressemblant à celui-ci (1).

4.° Des morceaux composés de couches planes très minces, qui sont alternativement de ce grès et d'une ardoise noire et brillante.

5.° Des rognons d'une matière de la nature de l'ardoise, mais dure au point de donner des étincelles très vives quand on la frappe avec de l'acier. Ces rognons renferment de peti-

---

(1) De ce nombre est une statue d'enfant que l'on montre dans la galerie de Florence, sous le nom de *Britannicus*. M. Desaussure a fait travailler un morceau de ce grès; et l'espèce de poli qu'il a pris, ressemble parfaitement au poli de cette statue.

tes pyrites cubiques, éparses autour de leur centre. C'est vraisemblablement d'ici que viennent les fragmens de cette nature que l'on trouve dans le lit de l'Arve, le long de son cours, et à Genève même.

Au milieu de ces énormes débris, descend un torrent bourbeux, fort justement appelé le *Nant noir*, parce que les parcelles d'ardoise qu'il charie, teignent en noir et son lit et ses bords. Il creuse une profonde ravine, en travers de laquelle on a pratiqué un passage que les eaux emportent quelquefois. Cette ravine étoit jadis fort dangereuse à traverser, sur-tout après les orages et dans les débordemens du torrent pendant la fonte des neiges. Aussi ce lieu a-t-il été le théâtre d'accidens fâcheux arrivés à des voyageurs, et que les guides racontent. M. Bourrit rapporte dans un de ses ouvrages, celui dont le Prince de Gallitzin faillit devenir la victime, et observe avec raison que ce genre d'événemens a presque toujours lieu par suite du mépris que font les voyageurs des avis de leurs guides, ou de ceux des personnes qui connoissent le pays.

En sortant de la triste et stérile solitude qu'occupent toutes ces ruines, on entre dans une forêt dont le fonds est un tuf jaunâtre, et après laquelle on se trouve dans les prairies, puis dans les champs du village de Servoz, qui sont très bien cultivés et garnis d'arbres fruitiers. On descend au village par une pente douce qui regarde le midi. Nous rencontrâmes en descendant, des douaniers armés de fusils, qui en parcourant ces montagnes, venoient d'abattre un très beau faisan, qu'ils nous cédèrent pour la modique somme d'un petit écu. Mes compagnons de voyage, bien que peu amateurs d'histoire naturelle, ne laissèrent pas de prendre beaucoup de part à l'acquisition de cette pièce intéressante.

La vallée de Servoz étoit jadis un lac, appelé le *lac de Saint-Michel*, du nom d'une petite vallée qui la précède, et qui n'en est séparée que par une petite chaîne de rochers. Ce lac est celui dont j'ai précédemment fait mention (1), et dont l'écoulement subit causa la destruction de la ville de *Dionisia*, située vers Passy, si l'on s'en rapporte à la tradition. L'Arve couloit alors dans le vallon du Chatelard. La situation du village de Servoz, l'exposition de la vallée, son resserrement entre deux hautes montagnes, favorisent la formation de quelques goîtres qu'on y aperçoit.

Peu après avoir quitté Servoz, on traverse le hameau *du Bouchet*, qui en dépend et auprès duquel a été fait, sur le torrent de la Diouza, un établissement considérable, pour le traitement des mines du haut Faucigny. Avant que d'arriver au torrent, on passe sous des rochers taillés à pic, qui surplombent au dessus du chemin. Ces rochers sont composés d'une espèce de grès ou de grauwacke, dont

---

(1) Page 179.

les grains sont mélangés de quartz gris et noirâtre, de lames brillantes de mica, de petites taches d'une rouille ferrugineuse et de quelques particules de roche de corne. C'est le *Cos molaris* de Wallerius. Ce grès est très compacte et très dur; il donne beaucoup de feu quand on le frappe avec l'acier, et ne fait aucune effervescence avec les acides. Les rochers mêmes n'ont pas une structure bien distincte; on y voit des fentes qui les divisent par grandes masses irrégulières, sans que l'on puisse décider avec quelqu'apparence de certitude, si ce sont des divisions accidentelles, ou les séparations des couches.

Le torrent de la Diouza roule, dans son lit, des roches de diverses sortes qui intéressent le naturaliste; entre autres de gros fragmens d'une pierre calcaire noirâtre, renfermant des coquilles bivalves, et des blocs d'un granit fort beau, composé de grands cristaux de feldspath rose, de quartz blanchâtre, de mica et de roche de corne verdâtre.

CHAPITRE XVIII.

Monument funèbre, Détails sur la mort de M. Eschen, Inscriptions, Mines de Servoz, Bâtimens pour le traitement du minérai, M. Exchaquet, Reliefs du Mont-Blanc et du Saint-Gothard.

Sur les bords du torrent, à l'extrémité du pont de bois sur lequel on le traverse, est le monument élevé par les ordres de M. d'Eymar, Préfet du Léman, à la mémoire de Fr. A. Eschen, jeune voyageur, mort en 1801, dans une des crevasses du glacier du Buet (1). M. d'Eymar, qui passoit à

---

(1) Le Buet, montagne élevée de 1578 toises (3075 ^{m} 57), au-dessus du niveau de la mer, a été le théâtre des savantes expériences de MM. Deluc, qui l'avoient choisie comme la montagne accessible la plus élevée qui fût alors connue dans cette partie des Alpes. La

Servoz, accompagné de M^r. M. A. Pictet, le lendemain de ce funeste

célébrité que lui donna la relation de leur voyage et de leurs travaux (*Suprà*, pag. 10,) et le superbe spectacle dont on jouit quand on parvient à sa sommité, engagèrent M. Bourrit à chercher une route plus praticable que celle qu'ils avoient suivie, afin d'épargner aux voyageurs qui voudroient visiter cette montagne, les dangers auxquels ils avoient été exposés. Il fut assez heureux pour réussir par la vallée de Chamouni. On ne peut lire, sans le plus vif intérêt, les attachans détails de ses tentatives, de ses sensations et sur-tout du magnifique tableau qui se déroule successivement sous les yeux de l'observateur, quand il atteint la cime *. Depuis cette découverte de M. Bourrit, une nouvelle route a été trouvée, qui conduit immédiatement de Servoz au Buet, par la montagne de Pormenaz. C'est cette route qu'avoit suivie l'infortuné Eschen.

Au moment même où je mentionne dans cette note, un des plus importans travaux de M. G. A. Deluc, dont j'ai parlé précédemment (*pag. 46 et suiv.*), la *Bibliothèque britannique* annonce sa mort arrivée le 26 janvier 1812. Le

* *Description des aspects du Mont-Blanc.*

événement, donna sur le champ des ordres pour qu'on se mît à la recherche de cet infortuné jeune homme, que le guide Devillaz, du village du Mont, aidé de ses deux fils, parvint, avec des peines infinies, à retirer de cette crevasse, où il étoit enfoncé à une profondeur de plus de 32.^{m}48 (100 pieds). M. d'Eymar (1), qui s'étoit flatté, au moment où il avoit appris l'accident, arrivé seule-

---

cahier de ce mois contient une Notice nécrologique sur ce savant, et rappelle ses droits à la reconnoissance des amis de l'histoire naturelle. On se propose de publier la collection de ses écrits, dont plusieurs ont déjà paru dans divers journaux, et dont les autres sont inédits.

(1) M. d'Eymar, qui n'existe plus, a laissé à Genève, le souvenir de ses vertus. Il étoit bon administrateur, plein de justice et d'humanité. Sa sensibilité et son goût pour les arts, se peignent dans un charmant morceau intitulé : *Anecdotes sur Viotti, précédées de quelques réflexions sur l'expression en musique*, qu'il a inséré dans la Décade philosophique, 4.ᵉ trimestre de l'an VI. Il est mort le 11 janvier 1803.

ment depuis vingt-quatre heures, du foible espoir que de prompts secours pourroient peut-être sauver la vie au jeune Eschen, fut sensiblement affecté en voyant cet espoir détruit. Il choisit pour l'inhumation du corps, un emplacement sur les bords de la Diouza, qui fût en vue des voyageurs de Chamouni, et même de ceux qui montent au glacier du Buet, et assista lui-même à ses obsèques. Le guide Devillaz fut spécialement chargé de faire élever provisoirement, sur le lieu de la sépulture, une pyramide, jusqu'à l'érection d'un monument qui fut construit deux ans après par les soins de M. d'Eymar. Voici les inscriptions qui ont été gravées sur ce monument touchant et simple, qui consiste en une pyramide droite, à quatre faces, arrondie à son sommet, et posée sur deux assises carrées.

Sur la face principale,

*A la mémoire
de Frédéric-Auguste* ESCHEN,

*naturaliste, littérateur, poëte,
né en 1777, à Eutinen,
cercle de la Saxe inférieure;
englouti dans une crevasse
du glacier du Buet,
le 19 thermidor an VIII;
retiré de cet abyme par J^h. M. Devillaz,
J. Claude et Bernard, ses deux fils,
et J^h. Otll;
Inhumé dans ce lieu par les soins
de A. M. d'EYMAR, Préfet;
Monument élevé
le 21 fructidor an IX,
sous la magistrature
de*
BONAPARTE, CAMBACÉRÈS, LE-
BRUN,
Consuls de la république française.

Sur la face de droite,
*Le Gouvernement Français
honore les sciences
et les arts,
protège les savans et les artistes,
il accueille avec hospitalité*

*les étrangers
de toutes les nations
qui visitent le sol de la république.*

Sur la face de gauche,

*Voyageurs,
un guide prudent et robuste
vous est nécessaire;
ne vous éloignez pas de lui;
obéissez
aux conseils de l'expérience.
C'est avec un recueillement
mêlé de crainte et de respect,
qu'il faut visiter les lieux
que la nature a marqués
du sceau de sa majesté
et de sa puissance.*

Mr M. A. Pictet, a publié dans la *Bibliothèque britannique* (1) une re-

_____

(1) *Sciences et Arts*, tome XIV. M. Pictet publie quelques fragmens d'une lettre commencée par le jeune Eschen pour son père, et trouvée dans son porte-feuille. Je n'en citerai qu'un seul, qui suffira pour achever d'intéresser mes lecteurs en faveur de cet infortuné

lation intéressante de ce fâcheux accident, et l'a accompagnée des conseils les plus salutaires, sur les précautions à prendre pour voyager dans les glaciers avec sureté et commodité.

Quand on a traversé la Diouza, on tourne à main droite, en laissant à sa gauche de hautes montagnes d'une pierre noire, feuilletée, que l'on prend au premier coup d'œil pour une ardoise ; mais en l'examinant avec plus de soin, on voit que ce sont des pier-

───────────────────────

voyageur. « Vous voyez, mon bon père, par
« la date de ma lettre, que j'ai entrepris un
« voyage . . . .
« Je suis parti mardi de Rümlingen, et mer-
« credi de Berne, et ce ne sera que dans quinze
« jours, ou trois semaines que je reverrai mon
« domicile actuel, et que j'embrasserai mes
« chers et bien aimés élèves, mon Rudy et
« ma Sophie. Il est inutile de vous dire que je
« voyage à pied, et vous devinerez aussi que
« je voyage avec un ami ; car le cœur et l'es-
« prit ne jouissent des aspects les plus beaux
« de la nature, qu'avec le sentiment qu'un être
« vivant sympatise avec nous. Tout ce qu'il y

res de corne, qui se divisent en parallélipipèdes, dont la base est un rhomboïde. Les premières que l'on rencontre après avoir passé le torrent, ont, par leur couleur, la plus grande ressemblance avec les ardoises, souvent même elles se délitent, comme celles-ci, en feuillets minces parallèles entre eux; mais peu à peu, elles s'éloignent de cette ressemblance et prennent une couleur grise, brillante et comme micacée.

—————

« a de beau et de sublime, doit, pour pénétrer
« intimement dans l'ame de l'homme, être
« réuni avec les jouissances de l'amour et de
« l'amitié. . . . . »

Le fragment suivant, d'une lettre que M. Eschen avoit commencée pour l'amie de son cœur, a été imprimé ailleurs. « Que la nature
« est grande en ces lieux, chère amie, et com-
« me elle nous ramène sans cesse à celui qui
« est plus grand qu'elle . . . . mais je
« suis las d'admirer. Il n'est pour le cœur qu'un
« objet qui ne le fatigue jamais, qu'un Dieu
« bon a fait pour tous les momens de sa vie,
« que plus il voit, plus il l'aime, . . . et bien-
« tôt je vous reverrai. »

C'est au pied de ces montagnes que se trouvent les bâtimens qu'a fait construire une compagnie Française, qui avoit obtenu la concession des mines des trois vallées de Servoz, Chamouni et Valorsine. Cette compagnie fit faire dans l'étendue de sa concession, un grand nombre de recherches qui ne furent pas totalement infructueuses, et découvrit plusieurs filons de cuivre et plomb tenant argent, qu'elle fit exploiter, et dont le traitement avoit lieu dans l'établissement de Servoz; mais après plus d'un million de dépenses, elle se restreignit en 1791, à la mine de Sainte-Marie au Foully, située dans une colline appelée le Mont-Chatelard, à l'extrémité occidentale de la vallée de Chamouni. La révolution a dispersé les actionnaires des mines de Servoz, qui ont émigré, et l'exploitation a cessé. On fabriquoit dans l'établissement, de l'acier comparable à celui d'Angleterre, et qui avoit mérité le suffrage de la Société des arts de Genève, et de tous les artistes qui en faisoient usage. L'horlogerie de Genève et celle du Faucigny, employoient aussi le cuivre de ces mines. Leur exploitation est sur le point de reprendre son ancienne activité, une nouvelle compagnie s'étant formée à cet effet, et ayant obtenu la concession. Les talens et les connoissances des deux personnes (1) qui se sont chargées de la direction de l'entreprise, doivent faire concevoir les plus grandes espérances de succès.

Feu M. Exchaquet, excellent métallurgiste, a longtemps dirigé l'exploitation de ces mines; il connoissoit parfaitement les différentes chaînes des Alpes et tous leurs passages, et avoit fait, tant du Mont-Blanc et de la vallée de Chamouni, que du Saint Gothard, des plans en relief, que les curieux alloient admirer chez lui, et dont M. Desaussure a plusieurs fois parlé avec éloge; il en faisoit même

---

(1) MM. Brard et Lainé.

exécuter pour les amateurs. Celui de la vallée de Chamouni avoit 97 centimètres sur 65 (3 p. sur 2) et la proportion, pour les mesures, étoit d'à peu près 2 millimètres pour 37 mèt. (une ligne pour 19 toises).

Les naturalistes et sur-tout les géologues, n'auront pas à se repentir d'avoir consacré quelques jours à parcourir les montagnes qui environnent Servoz, en prenant ce village pour centre de leurs courses. Indépendamment des mines de ce district, qui présentent un grand nombre de variétés (1), ils auront à observer le passage des montagnes secondaires aux primitives, dont celle de Pormenaz, située au sommet de l'angle formé par la chaîne granitique du Breven, qui se dirige au nord-est, et la chaîne calcaire de Salles, qui court vers l'est,

---

(1) Voyez dans le *Journal des Mines*, n.º V, et dans le *Magasin encyclopédique*, 1795 (an 4) tom. IV, la notice des mines exploitées dans la vallée de Servoz et ses environs.

offre à peu près la limite. Cette montagne, qui domine au nord-est la vallée de Servoz, est composée d'un beau granit à base de cornéenne verte avec de grands cristaux de feldspath rose. Elle contient de superbes filons métalliques, dont la gangue est un spath pesant du plus beau blanc, que l'on trouve souvent cristallisé. Les principales substances minérales qu'on en a retirées, sont des pyrites cuivreuses et aurifères, du cuivre antimonial, de l'argent vitreux, du fahlertz, de la galène et de l'antimoine.

Le nommé Deschamps, guide, qui connoît très bien ces montagnes, tient dans un des bâtimens dépendans de l'établissement, une auberge qui n'est pas des plus mauvaises de la route. Il se livre sous la direction des savans naturalistes de Genève, et particulièrement de M. Jurine, à la recherche des minéraux, et en a rassemblé un grand nombre d'échantillons, parmi lesquels les amateurs peuvent choisir. Cependant, je leur donnerai, en passant, le conseil d'aller les chercher eux-mêmes sur place, s'ils le peuvent, car le guide Deschamps, quoiqu'un fort estimable garçon, *vend, comme on dit, un peu cher ses coquilles.*

CHAPITRE XIX.

Double route, Ruines du château de Saint-Michel, Pont Pélissier, Aspect sauvage, Détails géologiques, Mine de Vaudagne, Vallée étroite et sauvage, Aspect de la vallée de Chamouni.

En partant de Servoz, on peut arriver à la vallée de Chamouni par deux chemins, l'un qui conduit par les mines du Foully et le sentier des Trapettes, l'autre par le pont Pélissier et les Montées. Pour suivre le premier, on quitte la grande route à quelque distance de l'établissement des mines, et l'on gravit à gauche les montagnes de pierre de corne que l'on a côtoyées jusques là. Cette nature de pierre se prolonge jusqu'au Foully. Le chemin des Montées, plus doux et moins fatigant pour le voyageur, offre au naturaliste une plus grande variété de substances à observer. On trouve sur cette route des fragmens d'une espèce de roche mélangée de quartz et de spath calcaire. Ce mélange se forme dans les fissures des montagnes de cornéenne qui sont à l'est de la route.

A 2 kilomèt. (une demi lieue) de Servoz, on laisse à sa droite, sur le haut d'un rocher, les ruines du château de Saint-Michel, dont les gens du pays racontent beaucoup d'histoires de trésors, de diables et de sorciers. Un kilom. (quart de lieue) plus loin, on passe l'Arve sur un pont de bois qui se nomme le pont Pélissier; il étoit jadis en pierre, mais ayant été enlevé dans une forte crue de l'Arve, on l'a reconstruit en bois, et comme il n'a point assez de largeur pour permettre le passage aux voitures, on est obligé de démonter les chars à banc, et de leur faire passer le pont, pièce à pièce, portés à dos d'hommes.

Ici commencent une nouvelle nature et des sites absolument nouveaux pour le voyageur. Ce n'est plus la teinte d'un verd vif ou tendre des arbres des plaines qui frappe nos yeux, c'est le verd obscur des sapins qui bravent les hivers; c'est un autre sol que l'on va fouler; c'est une autre végétation qui va s'offrir à nos regards. Ici l'on entre vraiment dans les Alpes, dont presque rien, jusques là, n'avoit fait deviner les approches. Les deux aspects dont on jouit sur le pont Pélissier, forment entre eux un contraste qui intéresse singulièrement les personnes peu familiarisées avec les vues que présentent les hautes montagnes. D'un côté, la vallée de Servoz que l'on quitte, avec ses prairies, ses champs, ses arbres fruitiers, ses habitations; de l'autre, le long de la route que l'on va suivre, l'Arve s'ouvrant un étroit passage entre deux hautes montagnes couvertes, par étages, de sapins d'inégale hauteur, dont les plus élevés se dessinent sur l'azur des cieux. Ce dernier site est vraiment Alpin.

Le chemin par lequel on gravit, est fort bien nommé les *Montées*. Ce n'étoit jadis qu'un sentier taillé en corniche sur l'Arve, et tellement étroit, que l'on ne pouvoit même, sans danger, le parcourir à cheval, et que la charge des mulets touchoit le roc d'un côté, et de l'autre débordoit sur le précipice. On l'a rendu praticable pour les petites voitures.

Cette montagne est une roche primitive, du genre des roches fissiles ou feuilletées, mais très dure et très compacte. Elle est presque partout mélangée de pierre de corne ; mais les rochers des montées contiennent encore d'autres élémens des montagnes primitives, tels que le quartz et le feldspath. Dans quelques endroits la pierre de corne est dispersée en très petite quantité, sous la forme d'une poudre grise, dans les interstices des grains de quartz et de feldspath, et là les rochers sont durs. Ailleurs, la pierre de corne, de couleur verte, forme des veines suivies et parallèles entre elles, qui règnent entre les grains de quartz et de feldspath, et là le rocher est plus tendre. Le mica ne se trouve dans cette roche qu'en très petite quantité. Ces roches feuilletées, composées d'un mélange de pierres de corne, de quartz, de feldspath et de mica, forment la transition entre les pierres de corne pures et les granits. Les rochers des montées sont traversés çà et là par des fentes remplies de quartz confusément cristallisé et mêlé de mica (1).

Dans ce même rocher, mais un peu

---

(1) On trouve la description d'une suite de terrains absolument semblables dans un savant mémoire sur la chaîne des Alpes, entre Glaris et Chiavenna, que M. Léopold de Buch a fait paroître dans les mémoires de la *Société des Amis de la nature*, de Berlin. Voyez C. C. Leonhard's *Taschenbuch für die gesammte mineralogie*, Vierter Iahrgang, pag. 247 et suiv.

plus sur la droite de la route, environ à un kilomètre (quart de lieue) au-dessus du pont Pélissier, on voit l'entrée d'une galerie que l'on avoit ouverte pour l'exploitation d'une mine qui porte le nom de Vaudagne, de celui de la montagne où elle se trouve. Le minérai étoit un mélange de pyrites martiales cuivreuses et aurifères, de blende et de galène, dans une gangue quartzeuse ; l'exploitation en a duré peu de temps, et a été abandonnée à raison du peu de richesse de la couche (1) et des frais qu'occasionnoient les travaux. Le mont de Vaudagne est composé d'ardoise qui repose sur une pierre de corne verdâtre, et celle-ci, sur une roche granitique à base de cornéenne. Les couches sont très inclinées. La couche de minérai a pour gangue un quartz gras, d'un beau blanc, extrêmement difficile à exploiter.

On rencontre encore des blocs épars

---

(1) La mine étoit en couche et non en filon.

de différentes espèces de granits qui se sont détachés de la chaîne centrale. Plusieurs de ces blocs sont du genre de granits que M. Desaussure appelle *veinés*. Dans ceux-ci les petites lames argentées du mica sont distribuées sur des lignes légérement ondées, mais cependant parallèles entre elles et suivies dans toute l'étendue de la pierre. Ces granits offrent là un grand nombre de leurs variétés ; on en voit dont les feuillets ont à peine un millimètre (demi-ligne) d'épaisseur, et d'autres où ils ont près de 14 millimètres (six lignes).

La vallée resserrée par laquelle on pénètre dans celle de Chamouni, est dirigée droit au sud de l'aiguille aimantée, c'est-à-dire, à peu près au sud-sud-est. En gravissant ce défilé étroit et sauvage, le long de l'Arve qui gronde à ses pieds, le voyageur attristé par la teinte sombre et rembrunie de tout ce qui l'entoure, suit péniblement une route qu'il aspire à voir se terminer. Il est loin de s'attendre au magnifique spectacle qui bientôt vient frapper ses regards, quand, se détournant sur la gauche, et parvenu à l'extrémité du défilé, la belle vallée de Chamouni se présente tout à coup. Il s'arrête étonné, et compare quelques instans l'espace qu'il vient de parcourir, avec le chemin si différent qui lui reste à suivre. Il repart plein de joie, et ne peut se lasser d'admirer la pompe et en même temps l'élégante simplicité du tableau enchanteur qui se déroule successivement sous ses yeux. Au milieu de cette riche perspective, des tapis de verdure, des champs cultivés, des habitations éparses ou réunies, une rivière qui serpente ; sur les côtés et dans le fond, une longue file de rochers couverts en amphithéâtre de noirs sapins, et sillonnés à leur pied et sur leurs flancs par des torrens ou de profondes ravines ; plus haut, une bordure immense de montagnes de glace à sommets aigus ou arrondis, dont quelques-unes prolongent leur manteau éblouissant de blancheur jusqu'au niveau de la vallée; et entre lesquelles s'élèvent çà et là d'énormes aiguilles de granit, trop droites pour avoir permis aux neiges de s'y arrêter.

La vallée de Chamouni est recourbée en forme d'arc. Sa direction moyenne court du sud-ouest au nord-est. Ses extrémités se recourbent encore, l'une vers l'ouest-sud-ouest, l'autre vers le nord-nord-est. On croit qu'en une demi heure on la parcourra toute entière, et cependant on met deux heures à aller jusques au Prieuré, qui n'est pas même à la moitié de la longueur de la vallée; tant dans les hautes montagnes, la grandeur des objets trompe sur les distances.

Toutes les montagnes qui bordent la vallée de Chamouni, sont dans la classe des primitives. On trouve cependant une ou deux carrières de gypse et des rochers calcaires, parsemés dans le fond de la vallée. On voit aussi quelques bancs d'ardoise, appliqués contre le pied du Mont-Blanc et des montagnes de sa chaîne ; mais toutes ces pierres secondaires n'occupent que le fond ou le bord des vallées et ne pénètrent point dans le cœur des montagnes. Le centre de celles-ci est de roche primitive, et les sommités assises sur le centre sont aussi de cette même roche.

CHAPITRE XX.

Entrée dans la vallée, Nant de Nayin, les Ouches, *Torrent de la Gria, Torrent de Taconay, Torrent des Buissons, Glacier de ce nom, Belles sources sur la rive droite de l'Arve, Arrivée au* Prieuré, *Auberges, Nant des Prés, Rocher calcaire.*

A une bonne demi-lieue (2 kilom.) de l'entrée de la vallée, on traverse une profonde ravine creusée par un torrent qui se nomme le Nant de Nayin.

On voit au pied de la montagne un grand amas de débris coupés par ce torrent, et au-dessus de ces débris, des bancs d'ardoise appliqués contre le corps de la même montagne. Le lit du torrent est rempli de fragmens de ces ardoises qui sont mêlées de spath et de quartz. Plus d'une fois les éboulemens qu'entraînent les crues extraordinaires de ce torrent, ont causé des accidens funestes. M. Bourrit en cite un, dont le Curial Paccard, de Chamouni, a été la victime. Un demi quart de lieue (un demi-kilom.) au delà de cette ravine, on passe dans le village des Ouches, une des trois paroisses de la vallée. On voit encore ici sur la droite, des ardoises presque verticales, appuyées contre les montagnes primitives. Les maisons du village sont couvertes de ces ardoises.

Le torrent de la Gria, que l'on trouve à quelques minutes des Ouches, est le plus dangereux de tous ceux que l'on a à traverser dans la vallée. Quelques heures de pluie dans les montagnes suffisent pour rendre impraticable aux voitures, la ravine qu'il a creusée, et dans laquelle il entasse les débris des rochers et des bois qui la surmontent. M. Bourrit et un de ses enfans y ont couru les plus grands dangers ; leur voiture y fut précipitée. Ce torrent descend d'un petit glacier que l'on voit suspendu au sommet d'une gorge de la montagne à droite. Il tire, ainsi que le glacier, son nom du mot *gria*, qui dans le patois du pays, signifie *gypse*, parce qu'en effet, il côtoie une colline de plâtre. On traverse encore un peu plus loin le torrent de Taconay, qui descend du glacier de même nom.

A un quart de lieue (un kilom.) de ce torrent, on passe, sur un pont de bois, celui qui découle du glacier des Buissons (1). Il est plus considérable que les précédens, il roule un grand nombre de fragmens de granit, qu'il arrondit en les entraînant, et ses eaux sont blanchies par le sable

---

(1) Appelé *Bossons* dans le patois du pays.

fin que produisent la rupture et la division de ces granits. On en trouve encore sur ses bords de grands blocs qui sont roulés du haut du Mont-Blanc, ou de ses bases, par la vallée de ce même glacier. Quoique le glacier des Buissons, que l'on a aperçu de loin, en descendant, et dont l'aspect pittoresque a inspiré le desir de s'approcher, mérite bien d'être l'objet d'une excursion particulière, et d'une visite prolongée ; cependant, si l'on ne doit consacrer que très peu de temps à son séjour dans la vallée, on peut, en se rendant au Prieuré, se détourner de sa route et prendre, en passant par le village de Montcuard, des guides, pour aller visiter ce glacier intéressant, le traverser même, et redescendre de l'autre côté ; promenade sur la glace que quelques dames ne craignent pas de se permettre. Mais je ferai observer que cette vue rapide et superficielle fera nécessairement regretter aux personnes qui seront forcées de s'en contenter, de ne pouvoir donner plus de temps à l'examen du glacier des Buissons, qui, dans un espace borné, offre la réunion des divers phénomènes que l'on admire dans les autres parties analogues de ces montagnes.

Une demi-heure avant d'arriver au Prieuré, on quitte la rive gauche de l'Arve, que l'on a toujours suivie depuis le pont Pélissier, et l'on traverse cette rivière sur un pont de bois. On s'approche alors des rochers qui bordent la vallée sur la rive droite de l'Arve, et l'on voit sortir de leur pied de belles sources semblables à celles que l'on a vues entre Cluse et Sallanches (1), et qui vraisemblablement sont aussi l'écoulement d'un lac situé sur le haut de la montagne. Celui que les gens du pays croient être le réservoir de ces fontaines, est derrière la plus haute sommité du Mont-Breven. Il n'a aucune issue apparente, et reçoit cependant les eaux d'une assez

---

(1) Page 140.

grande surface de rochers. La base de la montagne de laquelle sortent ces sources, est une roche de corne, mêlée de mica et de quartz. Ses couches, à peu près verticales, sont souvent brisées et diversement dirigées. Il paroît cependant que la direction générale et primitive de leurs plans, est parallèle à celle de la vallée qui court ici à peu près au nord-est.

Le Prieuré, chef-lieu de la vallée de Chamouni (1), est un bourg, ou du moins un très grand village, bâti au bord de l'Arve, sur la pente d'un côteau produit par l'entassement des débris du Mont-Bréven qui domine au nord-ouest les derrières du village. Nous y arrivâmes de bonne heure, et fûmes conduits par notre guide, à l'hôtel de Londres, non que nous eussions choisi cette auberge de préférence, mais parce qu'ensuite d'un accord par-

---

(1) On écrit encore *Chamont*, *Chamouny*, *Chamonix*. J'ai suivi l'orthographe de M. De-saussure.

ticulier entre son propriétaire et les guides, ceux-ci trouvent leur profit à y amener les voyageurs. Le nôtre, pour nous déterminer à nous laisser conduire avec une confiance aveugle, nous avoit affirmé que nous n'en trouverions pas d'autre, M. Couteran, propriétaire de l'hôtel d'Angleterre, auberge la plus ancienne de Chamouni, étant dans l'usage de passer les hivers à Genève, et déjà parti. Ce dernier hôtel étoit tenu jadis par sa mère, la respectable Madame Couteran, dont l'éloge est dans toutes les relations de voyages aux glaciers, et qui accueillit les premiers voyageurs naturalistes, il y a plus de cinquante ans. Je m'assurai depuis, que la déclaration de ce guide étoit mensongère, et qu'indépendamment des motifs d'intérêt qui le faisoient pencher en faveur de l'hôtel de Londres, il en avoit d'autres d'envie et de haine contre M. Couteran. Les voyageurs feront donc très bien de prendre leurs informations auprès des premiers habitans du bourg, qu'ils rencontreront. Nous regrettâmes beaucoup de n'être pas descendus chez M. Couteran, dont l'auberge nous avoit été recommandée par des amis qui s'y étoient fort bien trouvés. Je ne prétends cependant pas jeter de la défaveur sur l'hôtel de Londres, tenu par M. Tairraz, et servi par ses enfans, dont l'un est un fort bon guide que nous avons employé ; mais c'est là que descendent ordinairement les grands seigneurs de toutes les nations, et relativement au traitement et à la dépense, c'est tout dire.

Nous dînâmes très précipitamment, tant nous étions avides de voir et de connoître. Nous nous dispersâmes ensuite. Mes compagnons de voyage parcoururent les environs du bourg ; pour moi, je me proposai d'aller visiter le Nant des Prés (1), torrent immense que j'avois aperçu de loin, en arrivant au Prieuré, et qui roule une énorme quantité de fragmens de ro-

---

(1) En patois, *Nant des Praz.*

ches de toutes grosseurs, qu'il amène des bases du Mont-Blanc. La journée étoit trop avancée, pour entreprendre une course plus éloignée, et je ne pouvois mieux employer ce qui en restoit qu'à chercher à connoître, par la nature de ces fragmens, celle des montagnes d'où ils descendent.

Je me fis accompagner par le guide Pierre-Marie Payot, du village des Praz-d'Avaz (1), que nous avions arrêté pour les diverses excursions que nous projetions. A peine descendus dans la vallée, nous avions été assaillis le matin, par des gens qui venoient s'offrir à nous pour nous servir de guides. Connoissant le danger auquel s'exposent les voyageurs, en acceptant sans examen les services des guides, nous les avions refusés. Pierre-Marie

---

(1) *Praz d'Avaz*, en patois, veut dire, *Prés d'en bas*. On distingue ainsi le hameau des Prés, situé près de Montcuart, de l'autre hameau du même nom, placé au-dessus du Prieuré, près de celui des Bois.

Payot, que nous rencontrâmes, nous suivit jusqu'à son hameau, où j'entrai chez son cousin, le guide David Payot, qui fait le commerce des minéraux et auquel j'en achetai. Il nous nomma chemin faisant, plusieurs naturalistes de mes amis, qu'il avoit guidés dans les glaciers, et ayant vérifié qu'effectivement il étoit désigné par M. J. P. Pictet comme un fort bon guide, nous l'arrêtâmes. A dater de ce moment, il ne nous a presque pas quittés, et nous n'avons eu qu'à nous louer de sa complaisance, de ses attentions et de ses soins dans les passages scabreux des glaciers.

Le Nant des Prés est à 2 kilom. (une demi-lieue) du Prieuré. On s'y rend, en traversant l'Arve sur un pont de bois qui se trouve placé avant le village dont ce torrent a pris le nom. Il n'a pas de profondeur; mais en revanche, il occupe en largeur un espace considérable. Au moment où je le vis, il étoit fort tranquille, et les glaciers ne lui fournissoient que fort peu d'eau ; mais dans les grandes fontes de neiges, quoique sa vaste étendue s'oppose à ce qu'il soit d'une grande impétuosité, il doit offrir, par la masse de ses eaux, un coup d'œil imposant. Je passai trois heures à le visiter. Mon guide, qui avoit déjà accompagné des naturalistes, s'étoit muni d'un marteau ; il cassoit fort bien les roches, et savoit faire fort proprement un échantillon. Nous parcourûmes avec soin toutes les parties du lit du torrent, et même nous le remontâmes assez haut. J'en rapportai une fort belle collection de granits diversifiés, et de roches d'actinote, de différentes nuances de verd.

Nous avions calculé la durée de cette promenade, de manière à pouvoir, avant la chute du jour, aller reconnoître un grand rocher calcaire, situé sur la rive droite de l'Arve, au pied d'une montagne primitive, qui faisoit partie de la chaîne du Mont-Breven. L'époque et le mode de la formation de cette masse, ainsi que des autres rochers secondaires que l'on rencontre dans la vallée, offrent un problème intéressant à résoudre; nous nous hâtâmes de nous y rendre, après avoir mis en lieu de sureté, la collection que je venois de faire. Il faut monter à peu près l'espace de 195 mètres (100 toises) avant d'y parvenir. Ce rocher est parfaitement isolé sur le penchant de la montagne. Sa hauteur est d'environ 32^m 48 (100 pieds) sur 130 mèt. (400 pieds) d'étendue. La pierre est noirâtre; ses couches varient beaucoup, et dans leur direction et dans leur inclinaison. On en voit qui courent du nord-ouest au sud-ouest, en coupant à angles droits, le cours de l'Arve, d'autres qui sont parallèles à cette même rivière; il y en a de tout à fait verticales, et enfin d'autres inclinées. On ne voit point non plus la jonction de cette pierre, avec la roche quartzeuse et micacée, qui forme le corps de la montagne. Vers le nord, le roc calcaire s'appuie contre les débris de celle-ci, et à deux cents pas au-dessous, commencent les roches primitives qui lui sont propres, et dont les couches, presque verticales, courent comme la vallée, et s'appuient un peu contre le corps même de la montagne (1).

---

(1) M. J. G. Ebel, de Zurich, auquel on doit le savant ouvrage intitulé : *Ueber den Bau der Erde in dem Alpen-Gebirge*, considère comme primitifs les rochers calcaires et gypseux que l'on trouve dans la vallée. Voyez l'exposé de ses motifs, tome 1.er pag. 209 *et suiv*. Le *Journal des mines* a donné le précis de cet ouvrage, tome 26.e pag. 157 *et suiv*.

CHAPITRE XXI.

Détails sur le voyage de Sa Majesté l'Impératrice Joséphine dans la vallée, Course du glacier des Buissons, Route du Mont-Blanc, Hameau du Mont, *Colline gypseuse, Glacier de Taconay, Montagne de la Côte, Description du glacier des Buissons.*

Rentrés dans notre auberge, nous reçûmes la visite des marchands d'histoire naturelle, qui venoient nous offrir leurs curiosités, dont ils avoient apporté avec eux des échantillons. Nous leur promîmes d'aller voir leurs cabinets, un des jours suivans. Dans la soirée, nous recueillîmes des détails sur le voyage que l'Impératrice Joséphine venoit de faire dans la vallée. Elle avoit logé chez l'aubergiste Tairraz, et tout dans cette maison, étoit encore plein du souvenir de sa présence. On ne tarissoit pas sur l'éloge de sa grâce et de son extrême bonté. Sa Majesté qui aime les sciences et particulièrement la botanique, dans laquelle elle possède des connoissances étendues, étoit accompagnée de M. Bonjean (1), pharmacien de Chambéry, qui connoît parfaitement les plantes des Alpes de la Savoie et de la Suisse. Elle avoit été portée par des

____

(1) M. Bonjean a recueilli dans ses voyages, ou s'est procuré par sa correspondance, qui est fort étendue, de quoi composer une superbe collection de plantes alpines que j'ai admirées à mon passage à Chambéry, il y a quelques années, et qui doit être fort augmentée. On lui doit la découverte d'une espèce nouvelle, que M. Balbis, professeur de botanique, à Turin, a présentée à l'Académie des sciences de cette ville, sous le nom de *Phyteuma ciliata*. M. Bonjean se charge de fournir des plantes des Alpes de la Savoie et de la Suisse, aux amateurs, soit en échange de plantes ou de minéraux, soit autrement. Il envoie son catalogue imprimé aux personnes qui le demandent, et il a de cette manière procuré de fort belles plantes à un de mes amis.

guides, depuis Saint-Martin. Ayant desiré visiter la Mer de glace, on rassembla, dans les villages de la vallée, soixante-huit guides, et l'Impératrice fit une grande partie du chemin à pied, et redescendit de même par la pente rapide de la Felia. Les Dames de sa suite furent portées jusques sur le sommet du Montanvert. Chaque brancard étoit servi par huit hommes qui se relayoient, de quatre en quatre. Tous furent généreusement payés.

Nous destinions le jour du lendemain à la course du glacier des Buissons, quoiqu'elle ne fût pas suffisante pour occuper la journée toute entière; mais j'avois des notes à prendre sur plusieurs objets, des minéraux à étiqueter et emballer, et mes compagnons de voyage eurent l'honnêteté de me permettre de consacrer à ces occupations, tout le temps nécessaire.

Nous nous mîmes en marche de bonne heure, favorisés par un temps superbe, et accompagnés de deux guides, Payot m'étant particulièrement consacré, vu ses talens pour la récolte des minéraux. N'ayant rien de mieux à faire qu'à donner à cette excursion tout l'intérêt dont elle étoit susceptible, nous désirâmes reconnoître la route par laquelle on se dirige sur le Mont-Blanc, et escalader une partie de la montagne de la Côte, sur la cime de laquelle M. Desaussure passa la première nuit de son célèbre voyage. Après avoir gagné le hameau des Buissons, au lieu de monter directement au glacier, nous prîmes à droite pour aller traverser le hameau du Mont où nous arrivâmes bientôt. La colline sur laquelle ce hameau est situé, est entièrement gypseuse. On voit, à sa surface, des creux dont les uns sont en forme d'entonnoirs, tandis que les autres n'ont au contraire qu'un étroit orifice, et vont, en s'évasant, dans l'intérieur de la terre. Les guides prétendent que l'un de ces creux, dont l'ouverture n'a pas plus de 32 centim. (un pied), a intérieurement plus de $3^m 25$ (dix pieds) et une forme à peu près sphérique. Ces trous me rappelèrent ceux que j'avois observés sur le Mont-Cénis, dans un rocher gypseux, sur les bords du lac. Ces derniers sont pourtant plus considérables. Ils ont la forme d'entonnoirs et 4^{m}87 à 6^{m}50 (quinze à vingt pieds) de diamètre, sur une profondeur à peu près égale. Les voyageurs s'amusent à jeter des pierres dans ces trous pour en faire sortir des corbeaux qui s'y trouvent souvent, et qui probablement y font leurs nids.

Un peu au delà du hameau, on commence à monter, en suivant les bords du torrent noirâtre qui sort du glacier de Taconay. Le terrain sur lequel on marche ne fait pas encore partie du corps de la montagne; ce ne sont que des débris de roches feuilletées, composées de quartz, de mica, d'amphibole schisteuse et de cornéenne ferrugineuse. Ces fragmens ont fréquemment une forme rhomboïdale. Cette montée est très sauvage, au fond d'un vallon étroit, dans lequel on a en face le glacier de Taconay hérissé de glaçons salis par une boue noire et entrecoupés de roches de la même couleur ; mais en continuant de s'élever, on découvre au-dessus de ce glacier les neiges pures et escarpées du Dôme du Goûté. Le chemin avoit été bon jusques là, mais il devenoit plus scabreux, et notre but n'étant pas d'entrer sur le glacier, je recueillis quelques roches sur sa moraine (1), pendant que mes compagnons prenoient un moment de repos. Nous revînmes sur nos pas, dans l'impossibilité où nous étions de parvenir de ce côté, sans des fatigues excessives, au sommet de la montagne de la Côte,

---

(1) On appelle la *Moraine* d'un glacier, un amas de blocs ou de fragmens roulés de diverses espèces de roches, produit des éboulemens des montagnes qui le dominent. Ces blocs suivent ses deux rives et l'encaissent des deux côtés. Il est des moraines plus élevées que les glaciers qu'elles côtoient, d'autres plus basses, d'autres enfin qui sont de niveau avec eux.

pour descendre ensuite sur le glacier des Buissons.

Nous repassâmes par le hameau du Mont, et quelque temps après nous montâmes sur notre droite, à travers les bois, afin de jouir du magnifique coup d'œil qu'offre la vallée observée d'un peu haut, de ce côté. Après une marche pénible, nous parvînmes à une sommité dégarnie de bois, d'où la vue s'étend sur le glacier des Buissons tout entier, sur une partie de celui de Taconay, et sur toute la vallée de Chamouni. Les guides nous firent remarquer le col de Balme et les deux chaînes qui le bordent, les tours d'Aï, l'Aiguille du midi et le profil de l'Aiguille du Goûté. Ils nous montrèrent encore le fameux bloc de rocher, surnommé le *Bec à l'oiseau*, à cause de la forme d'un de ses angles, et qui fait partie de l'arrête sur laquelle nous nous trouvions. Ils nous répétèrent ce que raconte M. Desaussure, de l'accident arrivé à un berger qui avoit parié qu'il iroit s'asseoir à l'extrémité de ce bloc, et qui se précipita à l'instant où il se relevoit, après avoir gagné cette folle gageure.

Après que nous eûmes employé un temps suffisant à la contemplation de ce tableau, nous nous mîmes en devoir de descendre sur le glacier qui nous présentoit un aspect étonnant. Nous ne pouvions nous lasser d'admirer cet énorme entassement, qui n'est que l'extrémité du manteau du Mont-Blanc, et aux glaces duquel le poids des glaces supérieures, en les refoulant, a fait prendre les configurations les plus colossales et les plus bizarres. C'est bien ici que l'imagination peut s'exercer à son aise, et voir dans cet amas de glaçons gigantesques, des tours, des obélisques, des pyramides de toutes formes, des maisons et des forts en ruine, etc. Le passage de la lumière au travers de cette glace, lui donne une superbe couleur verte d'aigue marine; mais quand les rayons du soleil en traversent de grandes aiguilles hautes de plus de $32^m 48$

(cent pieds), il en résulte des reflets de la plus grande beauté.

On ne peut se former une juste idée de ces phénomènes, qu'en se rendant soi-même témoin de leurs merveilles. Il n'est pas de description qui puisse les peindre, comme il n'est pas de pinceau capable de les rendre avec vérité. Plusieurs fois, dans le cours de cette promenade, nous cherchâmes, mes compagnons et moi, à comparer, avec la réalité, les souvenirs qui nous restoient de plusieurs belles gravures représentant la partie inférieure du glacier des Buissons, que nous avions vues à Genève chez Monti; et en nous plaçant aux divers points où ces vues avoient été prises, nous fûmes toujours forcés de convenir que ces compositions, dans lesquelles nous avions admiré les talens des artistes, n'offroient qu'une foible image d'aussi grands objets.

Nous fûmes obligés de redescendre quelque temps sur l'arrête de la montagne, avant de nous diriger sur le glacier dont nous n'atteignîmes la moraine qu'après plusieurs montées et descentes pénibles. Enfin nous entrâmes sur la glace à l'aide de nos guides, et nous nous livrâmes à un exercice nouveau pour mes compagnons, mais auquel j'avois eu quelque occasion de m'essayer en voyageant dans les hautes Alpes du Dauphiné. Les guides s'étoient munis pour nous de bâtons ferrés qui nous furent d'un grand secours. La glace n'étoit pas également glissante partout, et ne nous paroissoit pas avoir la dureté de celle de nos rivières pendant l'hiver. Plusieurs fois nous nous arrêtâmes pour jouir du spectacle intéressant que nous offroient les longues crevasses bleuâtres plus ou moins espacées, la surface ondoyante du glacier, les pics aigus, les masses informes d'une glace parfaitement pure, qui nous dominoient à une extrême hauteur. Nous rencontrions sur notre route d'énormes blocs de granit qui étoient descendus là des bases du Mont-Blanc, et sous lesquels nous ne passions pas sans inquiétude. On ne traverse pas le glacier en ligne directe, et l'on est obligé, pour en sortir, de remonter sur sa droite pendant quelque temps; mais il est difficile de le faire sans quelques glissades qui, au reste, n'ont aucun danger, et donnent au contraire un caractère de gaieté à la fin d'une promenade pleine d'intérêt, et qui laisse de profonds souvenirs.

Parvenus sur la rive orientale du glacier, nous prîmes quelque repos sur la moraine. Nous étions au pied du glacier des Pélerins, situé au-dessous de l'Aiguille du midi; en le remontant, nous eussions pu gagner le Montanvert et descendre le long du glacier des Bois; mais nous étions fatigués, la journée étoit déjà avancée, et d'ailleurs nous nous proposions de consacrer celle du lendemain à une course de ce côté. Je fis donc ma récolte accoutumée dans la moraine, et nous reprîmes le chemin du Prieuré.

CHAPITRE XXII.

Vue du Mont-Blanc au Prieuré, Histoire des tentatives faites pour parvenir à sa cime, Ascensions du docteur Paccard et de M. Desaussure.

LE jour même, un peu avant le coucher du soleil, nous contemplâmes à notre aise ce géant de l'ancien monde, ce colosse contemporain de la création, dont la vue a fait pendant si long-temps le désespoir de Mr Desaussure, et dont la conquête est devenue un des titres de sa gloire. Semblable au lion dont la contenance fière et menaçante, dont les rugissemens sombres font trembler son maître, ce superbe roi des montagnes brave son vainqueur qui ne l'a foulé que pendant quelques instans ; il a encore pour l'effrayer et se défendre de ses approches, ses glaces escarpées et glissantes, ses neiges perfides, ses foudroyantes avalanches, ses abîmes sans fond et ses éternels hivers. Le Mont-Blanc étoit connu jadis sous le nom de la *Montagne maudite*. Le peuple de Genève étoit persuadé que les habitans des vallées qui l'entourent, avoient attiré par leurs crimes la malédiction du ciel sur leur pays; et ces montagnards prétendoient au contraire que des puissances malfaisantes, privées d'asyle, avoient changé, pour s'en créer, le plus délicieux pays de la terre, en un désert horrible, inaccessible à tout être animé, où on les voyoit de temps en temps affecter des formes effroyables, et se lancer d'énormes glaçons en poussant d'affreux hurlemens. M. Desaussure fut le premier savant qui pénétra dans ces vallées, et qui considéra leurs montagnes sous le point de vue de l'utilité dont pouvoient être à la physique générale et à l'histoire naturelle, des expériences faites sur leurs cimes, et la connoissance de leur constitution. Il forma dès-lors le vaste plan d'observations qu'il a suivi avec une persévérance infatigable pendant le reste de sa vie. Il appela l'attention des amis des sciences sur cet objet de ses travaux; il sollicita leurs conseils et le concours de leurs lumières, et encouragea les guides, par l'espoir des récompenses, à chercher les passages des montagnes les plus élevées, et à frayer des routes nouvelles pour parvenir à leurs sommets. Dès l'origine même, le Mont-Blanc avoit fixé particulièrement ses regards; il avoit senti de quelle importance il seroit, pour le succès de ses recherches, d'atteindre la cime de cette montagne réputée inaccessible; et lors de ses premières courses à Chamouni, en 1760 et 1761, il fit publier dans toutes les paroisses de la vallée, qu'il donneroit une somme assez considérable à ceux qui indiqueroient la route à suivre pour l'escalader. Depuis cette époque, quelques tentatives eurent lieu de loin en loin; mais ce ne fut que plus de vingt-cinq ans après, en août 1786, qu'un succès complet vint couronner les efforts de deux habitans de Chamouni, le docteur Paccard (1), et le guide Jacques Balmat qui, dès cet instant, fut surnommé le *Mont-Blanc*. M. Desaussure, au comble de

---

(1) Le docteur Michel Paccard, né au Prieuré, en 1757, projetoit ce voyage depuis trois ans. Il avoit trois routes en vue; mais Balmat lui fit préférer celle qu'ils suivirent. Une gravure représentant cette ascension, a été faite à Bâle, en 1790, par M. Chrétien de Méchel. Il parut en 1786 plusieurs pièces de vers en l'honneur des intrépides voyageurs. Dans l'épître de M. Rebaz au docteur Paccard et à Jacques Balmat, ce poëte exalte ainsi le courage de ce dernier.

Ah! qu'un riche lettré, noble en ses jouissances,
Porte jusqu'au Mont-Blanc le luxe des sciences,
Qu'attentifs à ses pas, vingt guides éprouvés,
Le sauvent des périls qu'ils ont vingt fois bravés;
J'applaudis; c'est Jason et sa troupe intrépide
Qui s'arment pour dompter l'hydre de la Colchide.
Leur audace me plaît et ne m'étonne pas.
Mais qu'Hercule tout seul, étouffe dans ses bras,
Ce monstre rugissant, l'effroi de la Némée,
Hercule est plus qu'un homme, et vaut seul une
   armée.

Jacques Balmat reçut une gratification du Roi de Sardaigne, et une autre du Baron de Gers-

ses vœux, ne put, à raison des mauvais temps, suivre, la même année, la route qu'ils avoient tracée ; mais il fit en août 1787 sa célèbre ascension (1), dans laquelle un coup d'œil jeté sur

---

dorff, qui ouvrit une souscription en sa faveur dans la Haute-Lusace. M. Bourrit a publié sur lui une brochure qui a été traduite en plusieurs langues. Son portrait a été gravé.

Le docteur Paccard étoit membre correspondant de l'académie de Turin. A la suite de son voyage à la cime du Mont-Blanc, il fit paroître l'ouvrage intitulé : *Premier voyage fait à la cime de la plus haute montagne du continent.* 1786 in-8.° Son portrait a été peint et gravé par M. Backler d'Albe, avec cette épigraphe :

Scandit inaccessos brumali sidere montes,
Nil hyemis cœlive memor. Claudian.

M. Backler d'Albe a séjourné long-temps à Sallanches. Il a dessiné dans les Alpes de la Savoie beaucoup de points de vue qui ont été gravés.

(1) L'ascension de M. Desaussure a été célébrée dans plusieurs pièces de vers. Il en a publié la relation sous le titre suivant : *Relation abrégée d'un voyage à la cime du Mont-Blanc en août 1787.* Genève, 1788, in-8.° J'ai

l'amas de ces montagnes dont il avoit étudié les détails pendant un si grand nombre d'années, lui fit saisir des rapports inexplicables pour lui jusqu'à ce moment, leva ses doutes et fixa ses incertitudes. On ne peut lire l'intéressante relation de cette expédition, sans partager les sentimens qui devoient animer l'illustre voyageur. On le suit pas à pas, on frémit de ses périls, on jouit de ses extases; et quand on arrive avec lui sur la cime, on est ému, attendri, en jetant, comme lui, ses regards sur Chamouni, où son épouse, son fils, ses sœurs, ses amis, l'œil fixé au télescope, comptoient ses pas avec une mortelle inquiétude, et en voyant flotter l'étendard qu'ils lui avoient promis d'arborer au moment où ils l'apercevroient parvenu au terme de ses désirs. Quelle plus noble conquête! Quels plus grands obstacles surmontés avec

---

omis, dans la préface, l'indication de cette brochure, dont le titre doit être rétabli *suprà* page 19.

plus de courage, de persévérance et d'énergie. Honneur immortel à l'homme de génie (1) dont la carrière laborieuse, poursuivie à travers les dangers, a produit des résultats si utiles à l'avancement des sciences.

On ne peut se persuader, en voyant

---

(1) On a attribué aux fatigues excessives auxquelles M. Desaussure s'est livré dans ses fréquens voyages, et particulièrement à son ascension sur le Mont-Blanc, les attaques d'apoplexie et de paralysie, qu'il a éprouvées en 1794 et 1795. M. Desaussure est mort le 22 janvier 1799. Il étoit né le 17 février 1740. Voyez l'intéressant écrit intitulé : *Mémoire historique sur la vie et les écrits de Horace-Bénédict Desaussure, pour servir d'introduction à la lecture de ses ouvrages;* par J. Senebier. Genève, J. J. Paschoud, an IX, in-8.º Le portrait que j'ai placé en tête de ce volume, a été gravé d'après un dessin fait exprès par un habile artiste de Genève, sur le beau tableau peint par le célèbre Saint-Ours, et que les étrangers vont admirer dans la salle des séances de la *Société pour l'avancement des arts.* Je le dois à l'extrême obligeance de M. Vanières, directeur de l'école de dessin.

le Mont-Blanc de Chamouni, qu'il en soit éloigné de plus de 9 kilomètres (deux lieues un quart) en ligne droite, et qu'on ne puisse atteindre son sommet qu'après dix-huit heures de marche. Sa hauteur totale est de 2450 toises (4775 mètres) au-dessus du niveau de la mer (1), et de 1920 (3742 mètr.) au-dessus de Chamouni. On l'aperçoit de l'intérieur des terres, à plus de 272 kilomètres (soixante-dix lieues). On nous fit reconnoître les sinuosités et les principaux points de la route que l'on est obligé de tenir, et celui par lequel on aborde. Depuis l'ascension du docteur Paccard, il a été escaladé quatre fois (2); mais comme on ne peut

---

(1) Voyez les résultats de la mesure du Mont-Blanc, faite suivant diverses méthodes et par plusieurs observateurs. *Journal des mines.* N.os CVII, page 351 et CVIII, page 386.

(2) 1.° Par M. Desaussure; 2.° par MM. Bourrit père et fils, M. Voodley, anglais, et M. Camper, hollandais ; 3.° par M. le chevalier de Beaufoix, physicien anglais ; 4.° enfin, par MM. Forneret, de Lausanne, et le baron

exécuter surement ce dangereux voyage qu'à une certaine époque de l'année, et que le moindre dérangement dans le temps, peut faire naître les plus grands périls pour les voyageurs, ils sont obligés, dans certaines années, d'attendre à Chamouni, pendant plusieurs mois la réunion des conditions favorables, et il en est où cette réunion ne peut se rencontrer. Toutes ces circonstances ont fait, du Mont-Blanc, un objet de curiosité générale (1) depuis cinquante ans. Il a été peint et gravé un grand nombre de fois, vu sous plusieurs aspects pris de la France, de la Suisse, de l'Italie et de la Savoie.

―――――――――――――――――

de Dortheren, Courlandais. La lettre de M. Bourrit à Milady Craven contient des détails sur la quatrième ascension. La cinquième a été annoncée par une lettre du même auteur, dans *la Bibliothèque britannique*, tome 20. *Sciences et Arts.*

(1) Le Mont-Blanc mérite cette attention universelle, non-seulement à raison de sa prodigieuse élévation, mais parce que, pris isolé-

CHAPITRE XXIII.

Course du Montanvert, Détails géologiques, Fontaine de Caillet, Fours à cristaux, Arrivée au sommet, Ouragan terrible.

JE sortis souvent dans la soirée, pour consulter le temps. Des nuages qui

---

ment et relativement à la hauteur des montagnes dont il est entouré, il est le colosse le plus élevé qui soit sur le globe. En effet le Chimboraço, à la cime duquel M. de Humboldt donne 3267 toises (6367 mètres) au-dessus de la mer, ne surmonte réellement que d'environ 1700 toises (3313 mètres) les plaines du royaume de Quito, qui sont elles-mêmes élevées de 14 à 1500 toises (2728 à 2923 mètres), tandis que la hauteur du Mont-Blanc, au-dessus de la vallée de Chamouni, est de 1920 toises (3742 mètres), et de 2262 toises et demie (4409^m 69) au-dessus du lac de Genève. Voyez les cartes dressées par M. de Humboldt, et le Tableau des hauteurs principales du globe, publié en 1806, par M. Chrétien de Méchel.

s'étoient élevés un peu après le coucher du soleil, nous donnoient de l'inquiétude pour le lendemain. Nous n'en fîmes pas moins nos préparatifs pour le voyage de la Mer de glace. Nous adjoignîmes donc à mon guide Payot, le fils aîné de l'aubergiste Tairraz, qui ainsi que ses frères, est très exercé aux courses des montagnes, et recommandé comme un des meilleurs guides de la vallée de Chamouni. Mais quand il fut question le lendemain, au point du jour, de nous mettre en marche, je ne trouvai plus qu'un de mes compagnons, disposé à me suivre. L'autre fatigué de notre excursion, et moins avide de merveilles, nous annonça qu'il ne quitteroit pas le fond de la vallée, et qu'il se borneroit à se faire conduire à la source de l'Arveyron, et au bas du Glacier des Bois, et il se rendormit. Nos guides nous engagèrent à ne rien diminuer pour cela, de nos provisions de bouche, nous assurant que le sommet du Montanvert, fait mentir le proverbe qui dit :

qu'*où il y a à dîner pour trois, on peut admettre un quatrième*. Nous suivîmes leur conseil, et l'expérience nous prouva qu'ils étoient encore au-dessous de la vérité. Nous nous mîmes en marche, incertains si le temps continueroit à nous être favorable. Mon camarade étoit monté sur un de nos mulets, et devoit faire ainsi la moitié du chemin. Pour moi, je n'ai jamais pu me faire à l'allure lente et monotone de ces animaux; et dans mes divers voyages dans les montagnes, à moins d'une nécessité absolue, j'ai toujours préféré de marcher. Chacun de nous portoit son bâton de montagnard, long de cinq à six pieds ($1^m 50$ à 2^m) ce qui ne laissoit pas de donner à notre écuyer monté sur sa mule qui baissoit modestement la tête, une fort burlesque figure.

En sortant du Prieuré, on voit à droite et à gauche du chemin, de grands blocs d'un granit qui contient peu de quartz, mais qui est presqu'entièrement composé de grands cristaux de feldspath, séparés par des veines ondées d'un mica brillant et doré. On dit que ces blocs ont été entraînés dans cette place, par une grande avalanche qui descendit, il y a bien des années, du haut des Aiguilles, ou des hautes cimes qui dominent la rive gauche de l'Arve, et qui font partie de la chaîne du Mont-Blanc. On remarque en traversant obliquement le fond de la vallée, son horizontalité parfaite, et partout où la terre est entr'ouverte, on voit que ses premières couches sont des lits horizontaux de limon, de sable et de gravier, d'où l'on doit conclure, que l'Arve a couvert autrefois tout le fond de cette vallée, et a élevé ce même fond par l'accumulation de ses dépôts.

Nous passâmes sur le pont que j'avois traversé la surveille, pour visiter le Nant des Prés, et peu après nous entrâmes dans une forêt de bouleaux, de sapins et de mélèzes. On monte au travers de cette forêt, par une pente tantôt oblique et douce, tantôt directe et rapide, parsemée des débris de la montagne. Ce sont des blocs angulaires et souvent rhomboïdaux de roche quartzeuse micacée, mélangée quelquefois de pierre de corne et de cristaux de feldspath. Ces blocs et la terre végétale produite par la forêt, cachent le roc vif de la montagne. On ne le découvre qu'après avoir monté pendant une bonne heure. On le voit alors au fond d'une ravine où les eaux l'ont mis à découvert. Il est de la même nature que les fragmens que je viens d'indiquer. Ses couches presque verticales surplombent du côté de la vallée de Chamouni, et courent du nord-est au sud-ouest, parallèlement à cette vallée.

A quelques pas au-delà de cette ravine, on arrive à la fontaine de Caillet qui est à moitié chemin du sommet du Montanvert; j'y pris avec plaisir un peu de repos, car nous avions monté fort vîte. Cette station doit être extrêmement agréable dans les chaleurs de l'été. L'eau de cette fontaine est pure

et fraîche. Les arbres qui l'ombragent
sont touffus. On se rappelle avec intérêt que M. de Florian s'est placé là
pour entendre de la bouche de son
guide, François Paccard, du Prieuré,
l'histoire de Claudine, dont il a fait
une de ses plus jolies nouvelles, et
dont la scène est dans la vallée de
Chamouni et sur le Montanvert où
l'on va bientôt se trouver. On se représente la pauvre Claudine, indignement séduite et abandonnée, montant
tous les jours au paturâge de la montagne, pour y faire paître son petit
troupeau, se reposant quelquefois à
la fontaine de Caillet, et toujours
noyée dans les larmes.

Ce lieu doit intéresser les naturalistes sous d'autres rapports. Les rochers qui avoisinent la fontaine,
renferment çà et là des fours à cristaux, que les marchands de Chamouni
viennent chercher et exploiter. La
roche dans laquelle se rencontrent ces
fours, est feuilletée et mélangée de
quartz et de pierre de corne. Elle est

souvent traversée par des filets d'amianthe. Ces fours contiennent de l'axinite, du feldspath-adulaire, blanc ou coloré en verd par la chlorite, du quartz en cristaux groupés, du liége ou cuir de montagne, et de l'amianthe. Le feldspath qu'on trouve à la surface de la roche, est presque toujours entremêlé de filamens déliés, courts, assez roides et verdâtres, que je crois être une espèce d'amianthoïde. Les personnes qui n'ont jamais eu l'occasion d'observer des fours à cristaux, feront bien de demander à leurs guides de leur en indiquer. Ceux de ces environs sont infiniment moins spacieux que ceux des hautes Alpes du Dauphiné, et les cristaux qu'ils renferment sont moins nombreux, moins variés et moins volumineux. M. le Recteur Boissier m'a dit avoir été assez heureux pour que son guide rencontrât auprès de la fontaine un fort bel amas de ce genre, dans lequel ils trouvèrent de superbes cristaux.

Mon compagnon abandonna son

mulet à notre guide de Saint-Martin, qui nous avoit suivi à l'effet de ramener cet animal, et nous continuâmes notre route. La dernière partie en est la plus difficile et la plus fatigante, à raison de la roideur des pentes que l'on côtoie; et cette difficulté étoit encore augmentée pour nous, par la dureté du sol, occasionnée par une forte gelée. A une petite heure de marche au-dessus de la fontaine, on traverse une ravine qui a été creusée, non par les eaux, mais par les avalanches de neige, et par les pierres qui se détachent d'une roche feuilletée qui la domine. La tête de cette roche est toute composée de grandes pièces rhomboïdales, ou du moins polyèdres qui semblent n'avoir entre elles aucune liaison, et dont il se détache continuellement des morceaux grands ou petits. M. Desaussure a essayé quelquefois de tirer en l'air, dans ce lieu, un coup de pistolet, et il a toujours vu tomber quelques fragmens aussitôt après. Les guides avertissoient autrefois les voyageurs de ne faire aucun bruit et même de ne pas parler trop haut dans cet endroit, de peur que l'ébranlement de l'air ne fît tomber quelque fragment de roche ; aujourd'hui ils se bornent à leur recommander de passer vîte.

Immédiatement avant d'arriver, on laisse sur sa droite, un peu au-dessus du sentier, des rochers composés de grands feuillets plats qui surplombent du côté de la vallée de Chamouni, comme ceux que nous avions déjà observés en montant. Ces masses sont d'une roche feuilletée très dure, composée de petits grains de quartz, de feldspath et de mica. Les couches, parfaitement planes et bien prononcées, font avec l'horizon, un angle de 65 degrés, en descendant au sud-est, et en courant, par conséquent, du nord-est au sud-ouest. Leur épaisseur varie depuis 14 millimèt. jusqu'à 32 cent. (six lignes à un pied) et elles sont coupées sous des angles presque droits, par des fentes à peu près parallèles, qui traversent plusieurs couches de suite dans la même direction, et qui font, avec l'horizon, des angles d'environ 35 degrés. Les fragmens de ces couches que l'on détache avec le marteau, se séparent d'eux-mêmes, sous la forme régulière que les cristaux de feldspath ont ordinairement dans le granit.

En montant au Montanvert, on a toujours sous ses pieds, la vue de la vallée de Chamouni, de l'Arve qui l'arrose dans toute sa longueur, d'une foule de villages et de hameaux entourés d'arbres et de champs cultivés. Au moment où l'on arrive au Montanvert, la scène change, et au lieu de cette riante et fertile vallée, on se trouve presque au bord d'un précipice, dont le fond est une vallée beaucoup plus large et plus étendue, remplie de neige et de glace, et bordée de montagnes colossales, qui étonnent par leur hauteur et par leurs formes, et qui effraient par leur stérilité et leurs escarpemens.

Nous atteignîmes le sommet après

deux heures et demie de marche. Il y régnoit un vent épouvantable qui venoit du sud-est, et qui nous tourmenta beaucoup pendant tout le temps que nous y restâmes. D'après le conseil des guides, nous nous empressâmes d'entrer dans le pavillon, et d'y faire du feu, car il faisoit très froid, et nous étions en nage. Depuis une demi-heure nous souffrions un certain mal-aise qui m'avoit été inconnu à des hauteurs bien plus considérables que celle où nous nous trouvions, et qui alloit toujours en augmentant. Habitué, comme je le suis, à faire, même dans les montagnes, des courses très prolongées, je ne pouvois concevoir d'où provenoit l'état de lassitude et d'épuisement dans lequel je me trouvois. Les guides nous assurèrent qu'ils voyoient quelquefois tomber, dans un état semblable, les voyageurs qui, sans prendre d'alimens, s'étoient mis en route de très bonne heure, pour escalader les hauteurs, et que le déjeûner ne tarderoit pas à nous remettre en santé parfaite; ce qui arriva effectivement.

CHAPITRE XXIV.

Pavillon ou Hospice du Montanvert, Histoire de sa fondation, Mer de glace, Accident, Passage du bétail sur la glace, Passage en Piémont par la mer de glace.

Dans les premières excursions que l'on faisoit sur le Montanvert, on étoit trop heureux de trouver, pour s'abriter, le logement du berger, consistant en une espèce de hutte en pierres sèches, appuyée contre un bloc énorme de granit, qui servoit en même temps de mur et de toit. C'est dans cette demeure appelée dérisoirement par les Chamouniards le *Château du Montanvert*, que couchèrent MM. Desaussure, Trembley, et Pictet, qui venoient de faire sur le sommet du

Buet, des expériences qu'ils se proposoient de répéter sur d'autres montagnes des environs. En 1781, le lord Blair y fit bâtir, en pierres sèches, une cabane qui, pendant fort longtemps, fut d'une grande ressource aux voyageurs, et qui subsiste encore. Enfin, en 1795, par une munificence inspirée par le plus pur amour de l'humanité, M. Félix Desportes, alors résident de France à Genève, consacra à la construction du joli pavillon qui sert encore de refuge, une somme de deux mille francs. Le projet de cet établissement avoit été conçu, deux ans auparavant, par M. de Sémonville, Ambassadeur de France à Constantinople, qui avoit été surpris par un très mauvais temps, sur le Montanvert, où il étoit monté avec son épouse, sa famille, et M. le Duc de Bassano, nommé alors à l'ambassade de Naples. M. de Sémonville s'exprime ainsi, dans sa lettre à M. Bourrit, datée du.... juillet 1793 : « Ayons le mérite d'exécuter ce que le lord Blair a eu celui

« de concevoir. Que notre nouvelle
« habitation offre aux savans, aux
« naturalistes, aux peintres, aux voya-
« geurs de toutes les classes, de toutes
« les nations, un azyle assuré. Qu'elle
« renferme dans une armoire, dont
« les deux aubergistes de Chamouni
« auront la clef, quelques ustensiles
« de cuisine, ceux nécessaires pour
« se procurer et se conserver du feu,
« une lampe, des hamacs, une hache,
« des bâtons ferrés, un thermomètre,
« un baromètre, de la charpie, quel-
« ques bandages, enfin les premiers
« objets indispensables pour se sous-
« traire à la rigueur des saisons, ou
« pour prévenir les suites fâcheuses
« d'un accident. »

Le petit édifice fut élevé en octogo-
ne, sous la direction de M. Bourrit
qui passa trois mois à Chamouni à cet
effet. Son intérieur fut garni de chai-
ses, d'une table, de quatre lits de san-
gle renfermés dans des armoires, et
d'une glace posée sur la cheminée en
face de la porte, et qui, quand celle-ci

étoit ouverte, réfléchissoit une jolie cascade qui s'écoule de l'Aiguille du Dru, de l'autre côté de la Vallée de glace. On y plaça en outre un registre sur lequel les étrangers étoient invités à écrire leurs noms et leurs réflexions.

On devoit espérer que le noble but de cette fondation mettroit cet intéressant asyle à l'abri de toute profanation. Cependant les meubles en ont été pillés, la glace détruite, les portes et les fenêtres brisées. Tel qu'il étoit resté, le pavillon offroit encore le couvert aux voyageurs ; mais M. le Sénateur Doulcet de Pontécoulant voulut s'associer à la bienfaisance de son fondateur, et laissa à M. Couteran, dont j'ai déjà parlé, une somme suffisante pour le réparer. Par les soins de cet aubergiste, les réparations nécessaires ont été faites ; l'intérieur de la chambre a été reblanchi, et on y a placé une grande table et six bancs, qui, en se réunissant, peuvent former des lits.

Le registre a subi le sort des autres effets de l'hospice. Il est regrettable, en ce que beaucoup d'illustres personnages ayant visité ces lieux, on devoit y trouver un grand nombre de notes et de réflexions curieuses. Un Seigneur Russe en a fait fournir, depuis quelque temps, un nouveau qui est confié à la garde du berger du Montanvert. Sachant qu'il contenoit déjà beaucoup de notes, et que l'Impératrice Joséphine avoit daigné y tracer quelques lignes, j'aurois désiré employer à le parcourir et à l'extraire, le temps que la tempête nous forçoit à passer dans l'inaction; mais le berger et son troupeau avoient déjà quitté les hauteurs et pris leurs quartiers d'hiver. Le reblanchîment des murailles avoit fait disparoître les noms de plusieurs savans célèbres, qui jadis étoient inscrits dans des médaillons placés au haut de chacune des huit faces de la chambre. Il ne restoit plus que ceux de MM. Pictet, Deluc et Dolomieu. Aidé de mon compagnon de voyage, je m'occupai à les rétablir avec du charbon, faute de mieux, et à y ajouter, ceux des divers savans de l'Europe, auxquels l'histoire de la terre et la minéralogie ont le plus d'obligations. Nous plaçâmes le nom de M. Desaussure dans le médaillon du milieu, au-dessus de la cheminée, et par suite, ceux de MM. Werner, Haüy, Delamétherie, Bournon, Ramond, Klaproth, Vauquelin, etc. Le médaillon le plus grand, celui du dessus de la porte, reçut l'inscription suivante :

A Félix Desportes,
Les Voyageurs reconnoissans.

Je sortois de temps en temps pour voir si la tourmente paroissoit s'appaiser, et elle étoit si forte que je ne pouvois y rester exposé sans crainte d'être renversé. Je n'avois d'autre ressource, pour jouir d'une partie du magnifique aspect que présentent les glaciers et les montagnes dont on est environné, que de me placer sur celui des côtés du bâtiment qui étoit opposé au vent. Réfléchissant bientôt qu'avant d'atteindre le sommet du Montanvert, nous ne nous étions pas aperçus de la tempête, et que la Mer de glace étoit abritée par les rochers qui la bordent, je m'élançai, muni de mon bâton, vers la descente, et à peine eus-je fait quelques pas, que je ne remarquai plus la moindre agitation dans l'air. J'appelai mes compagnons qui étoient restés dans le pavillon, et nous nous acheminâmes vers la moraine du glacier. En descendant, on passe sur le penchant de plusieurs grandes tables ou couches de roche feuilletée, qui font avec l'horizon un angle de 70 degrés, s'appuient contre le corps de la montagne, et courent à peu près comme le glacier, c'est-à-dire, du nord au sud. Elles sont minces, peu régulières, quelques-unes cependant sont fort étendues. Elles sont coupées par des fentes à peu près perpendiculaires à leurs plans, et qui souvent traversent plusieurs couches de suite. Ces fentes sont pour la plupart horizontales; il y en a cependant d'obliques; on en voit aussi qui se terminent dans le milieu d'une couche, sans la traverser dans toute son étendue.

Au bas de cette pente, on trouve la moraine du glacier. C'est là qu'étoit arrivé deux mois auparavant un accident affreux à Madame la Princesse de Saxe-Eisenach. Cette dame se trouvoit sur le bord de la moraine de la Mer de glace, quand un fragment de rocher, détaché de la pente, vint rouler contre elle et lui cassa la jambe. M. le Professeur Jurine, qui heureusement étoit à Saint-Gervais en ce moment, fut averti, et se rendit sur le champ auprès d'elle pour lui donner ses soins.

Nous entrâmes sur le glacier, et nous y restâmes quelque temps. Notre exercice de la veille sur celui des Buissons, nous avoit fait acquérir une certaine assurance qui nous eût engagés à tenter la traversée si le temps eût été favorable. Nous allâmes aussi loin que nous le pûmes, mais nous sentions, en avançant, les effets de la tourmente qui régnoit sur le sommet, et il n'eût été ni prudent, ni même agréable de persister dans l'entreprise, attendu qu'il falloit beaucoup remonter le glacier pour trouver un passage sûr et commode. Sa largeur étoit en cet endroit d'environ 2 kilomètres (une demi-lieue), et nous en fîmes à peine le quart. Nous revînmes donc sur nos pas.

En parcourant cette surface polie et glissante sur laquelle les montagnards les plus habitués à y marcher, font bien de temps en temps quelques faux pas, et sont obligés de franchir des crevasses, de monter ou de descendre des pentes plus ou moins inclinées, nous avions peine à comprendre comment les animaux pouvoient s'y maintenir. On fait cependant, au commencement de chaque été, traverser la Mer de glace par un certain nombre de vaches que l'on conduit au magnifique pâturage, appelé le *Plan de l'Aiguille du Dru*, et placé au pied de ce pic inaccessible. Elles y séjournent pendant trois à quatre mois, et on les ramène ensuite en leur faisant faire le même trajet. On peut se former une idée des inquiétudes et des angoisses de ces pauvres animaux, en foulant ce sol sans élasticité, qui fuit sous leurs pas. Le berger qui les accompagne, ne descend au village qu'une ou deux fois dans la saison pour y chercher sa provision de pain. Pendant tout le reste du temps, il demeure avec son troupeau dans cet affreux séjour, au milieu du désordre de la nature, n'ayant sous les yeux que des images de destruction, et n'entendant que la voix des tempêtes et le fracas des avalanches.

La Mer de glace est ainsi nommée, parce que la surface du glacier ressemble à celle d'une mer qui vient d'être violemment agitée, et qui se seroit congelée au moment où elle commence à s'appaiser. C'est sur les parties horizontales de la Mer de glace, que M. le Comte de Rumford observa le phénomène de la fonte partielle de la glace sur de très petits espaces circulaires, phénomène dont il donna la description dans un mémoire adressé à la Société royale de Londres (1). Ce glacier, dont la glace a plus de 32 ^{m} 48 (cent pieds) d'épaisseur, descend jusques dans la vallée de Chamouni où il prend le nom de *Glacier des Bois*, de celui d'un hameau près duquel il se termine. En remontant, il se divise en deux grandes branches; dont celle qui se dirige vers l'est, contourne le Dru, et s'appelle le *Glacier de Lechaud*. Elle est quelquefois traversée par les chercheurs de cristaux et par les botanistes, qui pénètrent jusqu'au lieu appelé *Courtil* ou *Jardin*, où ils trouvent des plantes qui ne se rencontrent que dans les latitudes les plus septentrionales. L'autre branche tourne à droite vers le Mont-Blanc, en passant derrière les Aiguilles de Chamouni, et se nomme le *Glacier de Tacul*. On prétend que l'on passoit en

---

(1) La traduction de ce mémoire a paru dans le tome 26.ᵉ de la *Bibliothèque britannique*, Sciences et Arts.

Piémont, il y a quatre cents ans, par cette vallée que les glaces qui descendent du Mont-Blanc, ont rendue impraticable. C'est pourtant par ce chemin que M. Bourrit tenta le passage en 1787, accompagné de son fils et de quatre guides, et parvint à Cormayeur, après avoir surmonté les plus grands obstacles et échappé aux plus affreux dangers. M. Desaussure suivit la même route l'année suivante pour aller compléter, au Col du Géant, les expériences qu'il avoit commencées sur la cime du Mont-Blanc, et descendit également par Cormayeur et le Val d'Aoste. On voit du Montanvert, les deux branches de la Mer de glace se séparer au pied d'une haute montagne qu'on appelle les *Periades*.

CHAPITRE XXV.

Principales montagnes que l'on découvre du Montanvert, Vers de M. Delille, Descente par la pente de la Félia, Source de l'Arveiron, Accident affreux, Paillettes d'or du sable de l'Arveiron, Colline calcaire, Albinos, Pierre ollaire et Serpentine, Scierie pour le granit.

L'élévation du Montanvert est de 954 toises (1859 ^{m} 38) au-dessus du niveau de la mer. Les principales montagnes qu'on voit de son sommet, sont, au sud-est, le Tacul, la grande Jorasse et le Géant; au midi, les Charmos qui cachent la vue du Mont-Blanc; au nord et à l'ouest, la chaîne du Breven et des Aiguilles rouges (1), Flessières

---

(1) Il est à remarquer que dans les hautes montagnes du continent, la forme qu'affectent les principaux sommets, a déterminé le nom

et l'Aiguille de Charlanos; mais celle qui frappe le plus les regards, est l'Aiguille du Dru qu'on a devant soi de l'autre côté de la Mer de glace. Ce pic de granit, d'une forme arrondie et très élancée, est très bien nommé. Il est inaccessible dans toute sa hauteur qui est de 1422 toises (2771 ^{m} 53) au-dessus de la vallée de Chamouni. Ses côtés semblent polis comme un ouvrage de l'art. On y distingue seulement quelques aspérités, et quelques fentes rectilignes très nettement tracées.

Quoiqu'il y eût encore quelque ver-

---

qui leur a été donné; ainsi, dans les Alpes de la Savoie, les rochers de forme aiguë et élancée, et par conséquent inaccessibles, portent le nom d'*Aiguilles*. Dans celles de la Suisse, on appelle les montagnes escarpées, tantôt *Dents*, tantôt *Cornes*. Dans les Pyrénées, où les sommets à pente roide, sont presque tous inaccessibles, ils ont le nom de *Pics*, tandis que dans les Vosges, on désigne les plus hautes sommités, sous le nom de *Ballons*, à raison de leur forme arrondie.

dure sur le Montanvert, à l'époque où nous le visitâmes, nous étions cependant privés de la vue des superbes plantes alpines, qui, dans la belle saison, font l'ornement de ses rochers, et que les botanistes viennent y recueillir. L'hiver régnoit sans partage sur ce sol désolé, où l'on ne voyoit plus guères que le verd sombre et lugubre des sapins et des mélèzes, plus en harmonie avec l'aspérité des lieux et du climat. Mais pour nous, plus de ces belles Astrances, plus de Potentilles, d'Achillées, d'Astères. Il ne restoit plus rien de ces êtres innombrables qui, au milieu des merveilles d'une nature qui détruit, rappellent à l'homme cette main invisible qui sème de fleurs les abymes, et qui reproduit sans cesse, lors même qu'elle semble anéantir.

Qu'il me soit permis de terminer ce que j'avois à dire sur ces montagnes, par les vers suivans de M. Delille, que le lecteur me saura gré de lui rappeler.

Salut, ... terrible Montanvert !
De neige, de glaçons entassemens énormes ;
Du temple des frimats colonnades informes !
Prismes éblouissans dont les pans azurés,
Défiant le soleil dont ils sont colorés,
Peignent de pourpre et d'or leur éclatante masse;
Tandis que, triomphant sur son trône de glace,
L'hiver s'enorgueillit de voir l'astre du jour
Embellir son palais et décorer sa cour (1).

La tempête n'étoit pas calmée lorsque nous quittâmes la Mer de glace. Les nuages s'étoient amoncelés sur les hauteurs des environs. Déjà quelques flocons de neige arrivoient jusqu'à nous, et nous ne pouvions douter que bientôt elle ne tombât en abondance. Il ne nous restoit d'ailleurs rien de plus à observer sur la montagne. Nous quittâmes donc sa cime cinq heures après y être arrivés, et nous descendîmes par la pente rapide de la Félia qui côtoie d'assez près le glacier des Bois. Nous trouvâmes, au bas du Montanvert, notre compagnon de voyage et son

---

(1) *L'Homme des champs*. Chant troisième.

guide, et nous visitâmes ensemble l'arche de glace de laquelle sort l'Arveiron. La saison ne favorisant pas la fonte des glaces, elles ne fournissoient que peu d'eau, et nous permirent d'approcher de la voûte, en sautant sur les blocs de granit que le Glacier des Bois amène dans le lit du torrent. L'approche étoit pour nous sans danger, cette voûte ayant subi tout l'affaissement dont elle étoit susceptible, et étant en partie encombrée de glaçons.

Pendant l'été, l'Arveiron est un torrent considérable, qui sort avec grand bruit de l'extrémité inférieure du Glacier des bois, par une grande arche de glace, que les gens du pays nomment *la voûte ou l'embouchure de l'Arveiron*, et qui a quelquefois plus de 32^m 48 cent. (cent pieds) d'élévation sur une largeur proportionnée. Le spectacle de cette caverne est un des plus beaux que l'on puisse se procurer dans tout ce voyage. Comme elle se détruit en partie à la fin de la saison, elle n'a pas tous les ans les mêmes dimensions.

Elle est quelquefois si spacieuse, que l'Arveiron ne remplit pas toute sa largeur, et alors on peut y pénétrer, et s'y enfoncer même très profondément; mais c'est toujours une témérité de le tenter, parce qu'il se détache de grands fragmens de sa voûte. Un exemple terrible est venu attester il y a quelques années, le danger de pareilles entreprises. Un Genevois, qui se trouvoit au devant de l'arche, accompagné de son fils et de son neveu, au moment où la voûte s'enfonçoit par fragmens successifs, à la suite, dit-on, d'un coup de pistolet, eut l'imprudence de ne pas s'éloigner très promptement, tandis que les glaces accumulées retenoient le torrent. La débâcle eut lieu tout-à-coup; d'énormes blocs de glace les entraînèrent tous trois. Le père eut la jambe cassée, son fils fut tué sous ses yeux, et son neveu très grièvement blessé.

L'arche de glace de l'Arveiron a été peinte et gravée plusieurs fois. M. Bourrit assure que la difficulté de rendre un aussi grand phénomène, fait le désespoir des peintres, et que *le célèbre Vernet avouoit que son talent n'avoit pas été préparé pour de si vastes et de si étranges sujets* (1).

L'arche ne se forme pas constamment à la même place, ni à la même exposition, parce que le glacier s'avance quelquefois dans la vallée, et d'autres fois se retire. Il est même des années où il ne peut se former de voûte ; celles, par exemple, où le glacier vient se terminer sur un plan fort incliné qui empêche les glaçons de produire l'amas énorme dans lequel l'arche s'ouvre et s'agrandit successivement par la fonte de la glace. Les fragmens de granit déposés par le glacier dans la vallée, témoignent qu'il

---

(1) « A mon dernier voyage à Paris, M. Vernet me fit voir une ébauche qu'il avoit faite de l'Arveiron ; mais il sentoit si bien que ces sortes d'objets qui choquoient toutes les loix de la perspective, demandoient, pour les bien rendre, une étude particulière, qu'il ne crut pas devoir l'achever. » *Note de M. Bourrit.*

descendoit autrefois beaucoup plus bas qu'il ne fait aujourd'hui. On prétend même qu'il n'y a pas plus de 35 ans que son pied s'étendoit encore jusqu'à une petite forêt de mélèzes qui le sépare du hameau des Bois, et qu'alors l'arche s'ouvroit à cette place.

Le torrent qui en sort est large et rapide, mais peu profond. Son cours est à peine de 2 kilomètres, et se termine à son embouchure dans l'Arve. Le sable qu'il roule contient des parcelles d'or, qui sont d'abord entraînées sur le glacier avec les pierres qui les renferment, par les avalanches ou les torrens, et restent mêlées au sable, quand, par le frottement, ces pierres sont réduites en poudre. Leur recherche faisoit autrefois l'occupation de quelques orpailleurs, ainsi que je l'ai dit plus haut (1). Des orfèvres de Genève firent le voyage, pour venir chercher dans le lit de l'Arveiron, du sable, qui après avoir passé dans leur moulin

---

(1) Page 71.

à laver, ne leur donna pas des bénéfices suffisans pour les engager à y revenir. En effet, les circonstances qui amènent ces paillettes d'or dans le sable du torrent, étant susceptibles de variations, il n'est pas surprenant que ce sable ne soit pas constamment et uniformément riche; c'est sans doute cette même richesse qui avoit donné lieu à la fable que racontoient jadis les habitans de la vallée, touchant la source de l'Arveiron. Ils prétendoient que la voûte de glace cachoit un grand trésor, qui se faisoit voir régulièrement deux fois l'année, le jour de Noël et celui de la Saint-Jean, à l'heure de la messe.

Les diverses espèces de roches qu'offre la moraine de la Mer de glace, se trouvant au pied du Glacier des Bois, je n'avois rien rapporté du Montanvert. Nous nous mîmes en devoir, le guide Payot et moi, de préparer des échantillons; et comme j'avois encore à visiter, dans les environs, quelques objets qui eussent peu intéressé mes compagnons, ils me quittèrent et retournèrent au Prieuré. On trouve au bas de ce glacier, entre autres roches curieuses, de beaux granits où le feld-spath est plus abondant que le quartz et le mica, et qui contiennent des filets d'épidote; des roches quartzeuses d'un beau blanc, renfermant des nids de chlorite pure, de belles druses de cristaux de roche amethystés, etc.

C'est là que M. le professeur Pictet trouva, en 1786, le molybdène et la *nouvelle substance minérale* (1), qui firent le sujet de la lettre qu'il écrivit en octobre 1787, à M. Delamétherie, et qui parut dans le *Journal de*

---

(1) *Suprà* page 18. M. Delamétherie a nommé *Pictite*, cette substance minérale, du nom du savant professeur qui l'a trouvée, et en a donné la description sous ce nom, dans son nouvel ouvrage intitulé : *Leçons de minéralogie données au Collège de France*, tome 1.ᵉʳ pag. 331 *et suiv.* M. Cordier pense que ce minéral doit être réuni au *Titanit*, de Klaproth, *Sphène*, d'Haüy. *Journal des mines*, tome XIII, pag. 74.

physique, novembre de la même année.
Pendant que nous faisions notre collecte, un habitant du hameau voisin, vint nous apporter des rafraîchissemens qui consistoient en fruits et en laitage.

Je tournai l'amas de glaces, duquel sort l'Arveiron, pour aller visiter la colline calcaire, appelée la *Côte du Piget,* qui est entièrement isolée dans le bas de la vallée. Cette espèce de pierre qui forme presque toutes les montagnes secondaires de l'intérieur de la France, n'excite pas, à moins de quelques circonstances particulières, un intérêt assez puissant, pour que le desir de l'observer engage un naturaliste à se détourner de sa route; mais au milieu de ces masses colossales, qui toutes portent le caractère de la formation primordiale, la présence de ce calcaire (1) offre un phénomène qu'il est toujours instructif d'étudier. La pierre dont est composée la Côte du

---

(1) Voyez la note de la page 229.

Piget, est d'un gris obscur, dure, compacte et mêlée de particules quartzeuses. Ses couches sont sujettes à quelques irrégularités ; mais en général, elles paroissent avoir à peu près la même situation que celles des montagnes adjacentes. La plupart courent du nord-est au sud-ouest, et sont relevées de 28 à 30 degrés, contre le nord-ouest. Cette colline calcaire est la plus considérable qui soit renfermée dans la vallée de Chamouni. On trouve jusques sur son sommet, des blocs de granit arrondis, parfaitement semblables à ceux que le glacier charie actuellement, et qui prouvent qu'il s'est une fois élevé jusqu'à la hauteur de la colline.

Depuis que nous avions quitté le Montanvert, il étoit très visible pour nous que les nuages dont nous avions fui les approches, s'y résolvoient en neige. La brume qui commençoit à s'étendre sur la vallée, nous avertit de hâter notre retour, et nous partîmes. Nous eûmes bientôt passé le hameau des Bois, qui donne son nom au glacier, et qu'habitent encore les deux Albinos que M. Desaussure a décrits, et qui depuis ont été montrer dans toute l'Europe leurs cheveux blancs et leurs yeux couleur de rose. Ces pauvres gens sachant qu'il y avoit des voyageurs dans la vallée, vinrent au devant de mes compagnons, pour exciter leur commisération. Ils n'ont retiré aucun profit de leurs voyages, tout le bénéfice en étant demeuré à ceux qui les conduisoient. Ils sont réduits pour vivre, à intéresser la pitié des personnes qui visitent la vallée de Chamouni, et à travailler à la terre; occupation pénible et peu lucrative pour eux, car leur organisation est foible. L'aîné a quarante-sept ans et le cadet en a quarante-cinq. J'étois peu curieux de les revoir, les ayant vus à Paris, dans ma jeunesse; d'ailleurs j'avois encore quelque chose à observer et quelques minéraux à recueillir, avant d'arriver, et je craignois d'être mouillé; ce que je ne pus cependant éviter.

On trouve sur le pied du Montanvert, à peu de distance du pont sur lequel on traverse l'Arve, de gros blocs de pierre ollaire et de serpentine, dont le lieu d'origine n'est pas encore connu. On peut remonter la pente de la montagne pour reconnoître les diverses variétés de ces substances. Quand on a monté pendant un quart d'heure environ, on atteint un énorme bloc de pierre ollaire, dans lequel on trouve de l'amianthe. Tous ces blocs reposent sur un mélange de terre et de débris. On ne voit pas le roc vif; mais comme nulle part, aux environs, il n'y a de rocher de ce genre, il paroît très probable que ces fragmens sont descendus des aiguilles qui dominent le Montanvert de ce côté.

La pluie nous prit pendant que nous traversions un bois de beaux sapins, situé sur la rive droite de l'Arveiron. Nous hâtâmes le pas, quoique fort chargés. A deux portées de fusil du Prieuré, je m'arrêtai encore pour voir une scierie qui venoit d'être montée, à l'effet de débiter des blocs de granit. On projetoit d'y faire des chambranles de cheminée et d'autres ouvrages de ce genre. Je pense que la difficulté et la cherté des transports seront toujours des obstacles à ce que cet établissement donne des produits assez avantageux pour qu'il se soutienne. Son propriétaire ne pourra en tirer quelques profits, qu'en formant des collections d'échantillons sciés et polis des diverses roches des Alpes de la Savoie. Beaucoup de voyageurs qui dédaignent les collections de morceaux bruts, simplement taillés au marteau, que l'on trouve chez les marchands de Chamouni, et dont se contentent les naturalistes, feroient avec plaisir l'acquisition de ces échantillons polis et bien étiquetés, dont la vue leur retraceroit sans cesse des lieux où ils ont ressenti de vives émotions.

CHAPITRE XXVI.

Mort de M. Escher, de Zurich, Albums ou registres du Montanvert et de l'Hôtel de Londres.

Je trouvai, en arrivant, mes compagnons occupés à questionner un pauvre guide déjà âgé, qui s'étoit présenté à eux, muni d'un certificat qu'il conservoit sous verre fort précieusement, et qui lui avoit été délivré par M. Bourrit. On voit, par cette pièce, que ce brave homme étoit un des Chamouniards qui, en juin 1791, exposèrent leur vie pour retirer, d'un affreux abîme, le corps d'un jeune Zuricois qui venoit de s'y précipiter du haut d'un roc qui termine la montagne de Balme, à peu de distance du Col de ce nom. M. Escher, Secrétaire du grand Conseil de Zurich, fait pour arriver aux premières charges dans sa patrie, cultivoit diverses branches de l'histoire naturelle. Il avoit parcouru les Alpes de la Suisse et visitoit celles de la Savoie pour ajouter à ses connoissances. Arrivé sur le col de Balme, il gravit une montagne située au nord. Malgré les représentations des guides et celles de ses amis, il s'obstina à aller toucher une croix de fer placée à l'extrémité d'un roc isolé, et à laquelle on ne pouvoit parvenir sans passer sur une arrête étroite de vive glace, bordée des deux côtés d'horribles précipices. On prétend qu'il eut assez de sang froid pour arriver à la croix, et de bonheur pour en revenir. Enhardi par le succès de sa témérité, il écrivit au crayon, sur un morceau de papier, quelques avis salutaires aux voyageurs, mit le papier dans une bouteille, et se disposa, malgré les nouvelles supplications de ses amis, à aller attacher cette bouteille à la croix; ce qu'il effectua. Ce fut en se retournant pour revenir, qu'un coup d'œil jeté sur les précipices qui l'environnoient, lui fit perdre la tête. Il fit un faux pas et arriva en lambeaux au fond de l'abîme. On eut toutes les peines du monde à en retirer son corps qui fut conduit à Bex où il fut inhumé avec pompe. M. Bourrit, qui se trouvoit alors à Bex, écrivit sur sa tombe les vers suivans (1).

Aimé de ses amis, digne d'un meilleur sort,
Escher auroit sans doute honoré sa patrie;
Au desir de s'instruire, il consacra sa vie,
    Et ce desir causa sa mort.

Mon premier soin, après que j'eus pris quelque repos, fut d'envoyer chercher le registre ou *album* du Montanvert, que le berger m'apporta lui-même aussitôt, et me laissa pour toute la soirée. Il n'y avoit encore que quelques pages de remplies dans ce livre, qui n'étoit placé dans le pavillon que depuis le commencement de la saison.

---

(1) La famille de M. Escher lui a fait ériger un monument en marbre noir, sur lequel l'inscription a été gravée en lettres d'or. Il étoit accompagné, dans ce voyage, de deux amis dont l'un étoit M. le Baron d'Alberg, neveu de Son Altesse Sérénissime le Prince Primat.

Les dernières lignes venoient d'être tracées par l'Impératrice Josephine, lorsqu'Elle remonta au pavillon, après s'être promenée sur la Mer de glace. Sa Majesté, remplie d'admiration pour ce qu'Elle venoit de voir, parodia de la manière la plus heureuse, les quatre vers du poëme de *l'Homme des champs*, qui font suite à ceux que j'ai cités précédemment (1).

A l'exception du quatrain suivant, le reste du registre ne contenoit absolument rien qui méritât la peine d'être cité :

L'orgueil de ces grands monts, leurs immenses contours,
Cent siècles qu'ils ont vu passer comme des jours,
De l'homme humilié terrassent l'impuissance ;
C'est là qu'il rêve, adore, ou frémit en silence.

---

(1) Non, jamais, au milieu de ces grands phénomènes,
De ces tableaux touchans, de ces terribles scènes,
L'imagination ne laisse, dans ces lieux,
Ou languir la pensée, ou reposer les yeux.

Il y a deux albums à l'hôtel de Londres, qui, tous deux sont à la disposition des voyageurs, et qui sont remplis de notes, de phrases, de pièces de vers, en toutes sortes de langues vivantes ou mortes. Le plus ancien qui est en même temps le plus intéressant, est mutilé en beaucoup d'endroits, et il est à regretter, car il remonte à plus de trente ans. Un grand nombre d'émigrés, principalement d'ecclésiastiques, avoient, en passant par Chamouni, à leur sortie de France, consigné sur ce registre, leurs regrets, leurs espérances et les vœux qu'ils formoient pour le bonheur de leur patrie. Quelques-uns de ces sentimens y sont exprimés d'une manière touchante ; mais la vallée ayant été tour à tour occupée par l'armée Sarde et par l'armée Française, les officiers des deux nations écrivoient alternativement sur le livre de l'auberge, des invectives contre leurs ennemis, et lacéroient les pages qui en contenoient contre eux ou leur parti. Il ne reste donc que peu de traces de cette correspondance d'injures ; mais avec elle ont disparu des notes qui eussent été bonnes à conserver. L'autre registre a été établi assez nouvellement. Ce que je citerai de ces deux livres suffira pour donner une idée du genre des pièces qu'ils renferment. Je rappellerai, en passant, que leurs auteurs ne les ayant pas destinées à l'impression (1), ils ont droit de compter sur l'indulgence.

Quoique les personnes qui veulent se procurer le plaisir d'écrire quelque chose sur ces sortes de livres, ne soient pas obligées de *donner du neuf*, au moins devroient-elles s'attacher à n'y porter que des vers ou des pensées qui eussent quelques rapports avec les lieux qu'ils viennent visiter. Ainsi ce joli quatrain déjà connu :

Pourquoi l'amour est-il donc le poison,
Et l'amitié le charme de la vie ?
C'est que l'amour est fils de la folie,
Et l'amitié fille de la raison.

(1) C'est par cette raison, que je ne me per-

n'est pas là à sa place. L'auteur du sixain suivant jugeoit avec raison qu'un voyageur ne sauroit trop soigneusement ménager ses forces, quand il se propose d'escalader péniblement les montagnes et de parcourir les glaciers.

Si mon étoile un jour me ramène en ces lieux,
Je promets bien à ma belle maîtresse,
Quel que soit le pouvoir qu'exercent ses beaux
  yeux,
De ne pas lui prouver l'excès de ma tendresse,
Le jour de mon départ. C'est un conseil d'ami,
Que je donne en passant à ceux qui sont ici.

Une dame Hollandaise, Madame H...L...C..., de la Haye, est auteur de la pièce suivante :

Du char-à-bancs, nous voici descendus,
L'esprit content, mais la chair en compote ;
A Chamouni bon gîte, excellent hôte,
Voyageurs délicats, que voulez-vous de plus ?

---

mettrai pas de les nommer, quoique la plupart de ces pièces soient signées.

J'ai vu le torrent noir, la caverne de Balme,
J'ai vu du doux Maglan le paysage calme,
L'aiguille de Varens, de Chède le beau lac;
J'ai vu du roi des monts la sommité glacée;
J'ai vu . . . . ; mais me voilà la tête dans
      un sac,
Car il pleut, mes amis, et la belle vallée,
Qui ce matin encor faisoit tout notre espoir,
Est devenue soudain une affreuse contrée.
Quel vent impétueux! que l'horizon est noir!
Quel chaos! quel brouillard! quel horrible
      désert!
Faudra-t-il retourner sans voir le Montanvert?

Cette belle comparaison, dans laquelle la justesse de la pensée est égalée par la pompe et la grandeur de l'image, a sans doute été tracée par quelque voyageur poursuivi par le sort, fuyant sa patrie, ou dont le cœur saignoit de la perte d'un être chéri :

« Le malheur ressemble à la mon-
« tagne noire de Bember aux extrémi-
« tés du royaume brûlant de Lahor;
« tant que vous la montez, vous ne
« voyez devant vous que de stériles
« rochers; mais quand vous êtes au
« sommet, vous apercevez le ciel sur

« votre tête, et à vos pieds le royau-
« me de Cachemire (1). »

Je terminerai ces citations par ce quatrain :

>Point de plaisir n'est parfait dans la vie.
>Avec regret je parcours ces beaux lieux;
>Pour jouir, il faut être deux,
>Et je les vois sans mon amie.

CHAPITRE XXVII.

Hôtel d'Angleterre, Album.

Ayant appris que M. Couteran, maître de l'hôtel d'Angleterre, n'étoit pas encore parti pour Genève, où il est dans l'habitude de passer les hivers, je me rendis chez lui pour lui demander la permission de parcourir le registre de sa maison; ce qu'il m'accorda de la meilleure grâce du monde. Je lui exprimai mes regrets de n'avoir pu,

---

(1) La Chaumière indienne.

à raison du rapport mensonger de notre guide de Saint-Martin, suivre l'intention où j'étois de descendre chez lui avec mes compagnons de voyage. M. Couteran me dit que n'ayant pas fait avec les guides de Saint-Martin et de Sallanches un accord qui les intéressât à lui amener les étrangers, ils employoient toutes sortes de moyens pour empêcher ces derniers de s'arrêter dans son auberge.

Le registre de M. Couteran est très volumineux et tenu très proprement. J'y retrouvai avec étonnement les noms de plusieurs personnes de ma connoissance, et des pièces de vers que j'avois déjà lues dans celui de l'autre auberge ; je lui en demandai la raison. Il m'assura que tout ce qui étoit porté sur son registre, étoit de la main même des personnes qui avoient logé chez lui ; mais qu'il lui paroissoit très présumable que pendant l'hiver, on faisoit copier sur l'album de l'hôtel de Londres, une partie de ce que le sien pouvoit contenir de nouveau, attendu qu'il le laissoit ordinairement, à son départ pour Genève, dans une maison du bourg, qu'il me désigna.

Le quatrain suivant a été écrit dans le cours de la révolution :

En voyant, dans ces lieux, la nature en furie
Entasser les débris, le désordre et l'horreur,
 Je me suis dit, avec douleur :
Voilà l'image au vrai de ma triste patrie.

Voici des vers qui intéresseront moins par leur mérite poétique, que par le sentiment qui les a dictés :

Au sein de ces amas de glaces éternelles,
Mon cœur est plein de feux ; je ne pense qu'à
 toi ;
Je me complais toujours à vivre sous ta loi,
Et chante avec transport nos amours immor-
 telles.
O ma tendre Charlotte, accepte ici mes vœux.
Et vous, mes chers enfans, qui nous rendez
 heureux,
Puissiez-vous, en lisant ces mots de votre père,
Aimer, ainsi que moi, votre excellente mère.

M. Marsollier a indiqué son séjour

chez M. Couteran, par quelques notes aimables. J'y choisis ce quatrain :

A Mademoiselle Contat qu'on attend aujourd'hui.

Contat, assez souvent on te loue, on t'admire,
   Viens en ces lieux admirer à ton tour;
Mais souviens-toi que tout Paris désire,
   Et tes talens et ton retour.

A la page suivante, on lit cette phrase écrite par Mlle Contat. « *Louise Contat est venue ici avec une partie de sa famille, et le souvenir de celle dont elle est éloignée, l'a constamment suivie.* »

Je ne citerai plus que deux pièces, dont la première, qui n'est pas sans mérite, est anonyme, et dont la seconde a pour auteur un jeune homme déjà connu par quelques poésies agréables, Mr Amédée de B...... *Beauplan*

Dans ce vallon solitaire et sauvage,
On cherche en vain la paix et le bonheur;
Si l'on n'a pas le calme dans le cœur,

VOYAGE A GENÈVE

  Adieu le charme du voyage,
. . . .

Heureux celui qui vient avec une ame pure,
Contempler de ces lieux les sévères beautés,
Ces antiques sapins, à la sombre verdure,
Et de l'Arve en courroux les flots précipités,
  Ces monts d'éternelle structure,
  Par les seuls chamois habités,
  Et que l'illustre Desaussure
 A le premier décrits et visités.
Tout lui plaît, ses regards attendris, enchantés,
Sont dignes d'admirer, de sentir la nature.
Veut-il plus de bonheur! que la douce amitié
  Soit sa compagne de voyage.
Qu'elle admire avec lui cet asyle sauvage,
Et de tous ses transports ressente la moitié.
Les mœurs de Chamouni lui retraceront celles
De cet âge vanté, qu'on nomme l'âge d'or ;
Et ces prés, et ces monts, et ces rives si belles,
A ses regards charmés s'embelliront encor.

Voici la seconde, dans laquelle l'auteur se montre un peu sévère :

  Rien ne forme autant qu'un voyage,
  C'est-là ce que chacun vous dit.
  L'ignorant, en courant, s'instruit,
  L'imprudent en revient plus sage ;
  Le sot lui-même en retire du fruit.

S'il voit ces monts chargés d'une neige éternelle,
Il admire, et déjà son ame s'agrandit.
L'aspect de la nature échauffe son esprit
De quelque subite étincelle ; . . . .
Ainsi qu'à moi, lecteur, on te l'a répété.
Je l'ai cru comme toi, je le dis sans excuse ;
   Mais si ton œil ne se refuse
    A l'éclat de la vérité,
Prends ce livre ; parcours, baille et te désabuse.

Ah ! que c'est bien avec raison que les Italiens ont appelé les murailles, *Charta di matto*, *Papier de fou*. Que d'extravagances, que de caricatures, que de vers plaisans, libres ou bouffons, couvrent les quatre murs de la vaste salle de M. Couteran, depuis le plafond jusqu'au bas ! ils en sont tellement remplis jusques dans les embrasures des croisées, que bientôt les nouveaux venus seront obligés d'ouvrir les fenêtres et d'écrire en dehors. Parmi beaucoup de sottises, se rencontrent d'assez jolies pièces, qui cependant ne seroient pas à leur place ici, et de fort bons dessins. M. Couteran m'a fait remarquer la caricature du célèbre Pugnani (1), maître de Viotti, qu'on assure être très ressemblante.

Il est impossible d'être plus honnête et plus complaisant que ne le fut pour moi, en cette circonstance, M. Couteran, qui ne voulut absolument pas me quitter, et qui se tint constamment avec moi dans une salle très froide, pendant plus de deux heures. Avant de me séparer de lui, il me fit voir un énorme bois de bouquetin. L'animal qui le portoit, avoit été tué

---

(1) La figure de ce grand artiste étoit baroque, et prêtoit singulièrement à la caricature. On lit l'anecdote suivante dans le *Dictionnaire historique des Musiciens*, de MM. Choron et Fayolle : Un faïencier de Turin, qui vouloit se venger de Pugnani, s'avisa de faire graver son portrait sur le fond de certains vases. L'artiste s'en plaignit, et le faïencier fut mandé à la police. Ce dernier tira de sa poche un mouchoir sur lequel on voyoit le portrait du grand Frédéric, et se moucha. Il dit ensuite : *M. Pugnani n'a pas plus le droit de se fâcher ici que le Roi de Prusse lui-même.*

dans le Vallais. Quelle force prodigieuse doit avoir, dans les muscles du cou, ce quadrupède qui, malgré le poids dont sa tête est chargée, gravit les montagnes avec une extrême vitesse.

En 1775, M. Couteran accompagnoit les trois guides qui frayèrent, les premiers, par la montagne de la Côte, le chemin qui conduisit enfin le docteur Paccard et M. Desaussure au sommet du Mont-Blanc. Sa relation, que M. Bourrit a insérée dans un de ses ouvrages (1), est fort intéressante.

---

(1) *Nouvelle description générale et particulière des glaciers*, etc. M. Bourrit avoit tracé précédemment les principales circonstances de cette tentative, dans son style animé et plein d'images vives et frappantes. Voyez sa *Description des aspects du Mont-Blanc*, l'un de ses ouvrages où il a prodigué le plus abondamment les richesses, et en même temps les écarts de sa féconde imagination.

CHAPITRE XXVIII.

Marchands naturalistes, Départ de Chamouni, Épizootie, Moyens préservatifs.

La pluie tomboit par torrens, lorsque je sortis de la maison de M. Couteran. Il se fit pendant la nuit, un de ces ouragans terribles, qui désolent quelquefois la vallée, dans l'automne. Nous en vîmes des traces le lendemain. Les hauteurs devenoient désormais inaccessibles; nous nous déterminâmes donc à ne pas prolonger davantage notre séjour au Prieuré. Notre voyage ne nous laissoit d'ailleurs presque rien à regretter dans la vallée de Chamouni. A l'exception de la course du Breven, que sans doute nous eussions faite, nous avions visité les points de la vallée, où l'on trouve les phénomènes les plus curieux et les plus grands aspects. Le Breven a

1306 toises (2545^m 44) de hauteur. C'est une des montagnes les plus intéressantes que puisse observer un naturaliste, dans ces contrées. On jouit dans cette course, qui exige deux jours entiers, de plusieurs points de vue magnifiques, qui s'étendent sur le Mont-Blanc, sur la vallée de Chamouni, et sur les deux chaînes de montagnes qui la bordent : j'y renonçai avec quelque chagrin.

Cette privation ne fut pas la seule que nous imposa le mauvais temps. Nous avions formé le projet, que nous fûmes forcés d'abandonner, de revenir à Genève, en sortant de la vallée du côté opposé à celui par lequel nous y étions entrés, et en passant par le col de Balme, qui sépare la Savoie du Vallais, par Martigny et les Salines de Bex. Nous eussions ainsi suivi les bords du Rhône, jusqu'au lac, et côtoyé la rive méridionale de ce dernier, jusqu'à Genève. Cette tournée, dont les étrangers doivent se donner le plaisir, quand le temps et leurs affaires le leur permettent, est riche en magnifiques aspects de tous genres, et très-instructive, sous le rapport de l'histoire naturelle. Elle eût terminé de la manière la plus intéressante, un voyage dont j'avois déjà retiré beaucoup d'utilité et d'agrément. Je me faisois particulièrement une fête de me présenter à M. le Prieur Murith, de Martigny, qui possède un très beau cabinet de minéralogie, une riche collection d'antiquités trouvées dans les environs, et connoît parfaitement la partie des Alpes qui entoure le lieu de sa résidence.

Nous allâmes de grand matin visiter les magasins de curiosités naturelles, dont les propriétaires prennent le nom de *marchands naturalistes*. Je parcourus avec assez de détail, quatre de ces magasins, qui contenoient des morceaux bien choisis, et de fort belles substances, quoiqu'ils ne fussent pas aussi bien approvisionnés qu'ils le sont au commencement de l'été. On y trouve des cornes de Chamois et de Bouquetins, des cachets, des pierres pour les épingles, colliers et clefs de montre, d'autres petits ouvrages en cristal de roche, qu'on envoie tailler et polir en Allemagne, et les divers minéraux que fournissent le Simplon, le Saint-Gothard, le Val d'Aost, la Tarentaise et le Vallais. Ces marchands taillent la serpentine et la pierre ollaire du Montanvert, en écritoires, en pierres à papier, et en petites lampes pour lesquelles ils fournissent des mèches d'amianthe. Ils se procurent en outre des agates d'Oberstein, et quelques substances du Dauphiné. Le quartz cristallisé, si commun dans les hautes Alpes de cette dernière province, est assez rare, du moins en beaux cristaux bien terminés, dans les Alpes de la Savoie; aussi les *marchands naturalistes* de Chamouni, attachent-ils beaucoup de prix à celui qui provient de leurs montagnes. Ils se livrent cependant bien moins à la recherche des cristaux, que par le passé, et ne se hazardent plus autant pour s'en procurer. A l'époque où les étrangers commençoient à abonder dans la vallée, les cristaux y étoient rares et fort chers. Leur recherche procuroit de gros bénéfices, et les habitans s'y livroient avec une espèce de fureur. Ils s'exposoient aux plus grands périls, dans l'espérance de s'enrichir tout à coup, par la découverte d'un amas de beaux cristaux; et il ne se passoit pas d'année qu'il n'en pérît quelques-uns dans les précipices.

Chacun de ces marchands cherche à se faire une industrie particulière, indépendante de celle des autres, et qui puisse lui procurer un débit exclusif. En général ces braves gens ne savent pas ce qu'ils vendent; ils ignorent le nom et la véritable valeur de leurs minéraux, et s'arrangent pour ne courir aucun risque, en en demandant, au premier abord, des prix extravagans, que cependant ils rabattent ensuite.

Le nommé Joseph-Marie Carrier, est un ancien guide qui connoît bien les montagnes. Il a quelques correspondances éloignées qui lui procurent de beaux morceaux, et se propose de tenir l'année prochaine, les substances de l'Oisans, pour lesquelles je lui ai fourni les indications nécessaires. Il vend en outre, à un prix assez modique, la collection des minéraux de la vallée de Chamouni et des montagnes voisines, composée de soixante-six morceaux (1). Il vend encore des reliefs en bois des montagnes qui avoisinent le Mont-Blanc.

David Payot, cousin de mon guide, a son magasin à Chamouni, quoiqu'il habite un village voisin. Il y a moins de variété chez lui dans le choix des substances, que chez Carrier ; mais ses collections de la vallée sont composées d'un plus grand nombre de morceaux (2). Payot taille fort bien le

---

(1) Le catalogue des minéraux qui composent cette collection, est dans le *Journal des Mines*, tome XXVI, 1809, page 319.

(2) D'environ cent.

cristal, et en fait de fort jolis cachets. Je lui ai donné le conseil, qu'il est disposé à suivre, de préparer des collections de roches polies.

Le nommé Mathias Fèche, va également à la recherche des cristaux; mais il s'occupe spécialement de celle des plantes et des insectes.

Lorsque nous eûmes terminé nos emplettes, nous fîmes nos préparatifs de départ, et peu après nous nous mîmes en route. Cette fois, notre guide suivit la caravane à pied. Mon mulet étoit fort raisonnablement chargé de mes pierres que j'avois également réparties dans deux énormes sacs. Nous avions même augmenté sa charge de quelques petits barils du miel de la vallée, qui jouit de beaucoup de réputation. Nous suivîmes, pour notre retour, la route que nous avions tenue en arrivant. Il nous eût été possible de regagner à Sallanches et Saint-Martin, la route de Genève, en passant par un autre chemin; mais il avoit plu abondamment pendant toute la nuit : le temps étoit encore incertain, et l'inquiétude qui en résultoit, nous portoit à hâter notre marche, et à choisir la route la plus courte.

En suivant le chemin qui conduit du Prieuré à Sallanches, par la rive gauche de l'Arve, nous eussions eu l'avantage de reconnoître une grande partie de la route projetée et les bains de Saint-Gervais, dont j'ai déjà parlé. Le pays est beau, riche, bien boisé, et offre un grand nombre de sites pittoresques. L'Itinéraire de M. J. P. Pictet, conduit les voyageurs pas à pas, dans cette nouvelle route, qui même se subdivise et laisse le choix entre deux chemins également bons à suivre, mais dont l'un, le *Col de la Forclaz* est le plus direct, et obtient communément la préférence.

A quelque distance du Prieuré nous rencontrâmes un poste de montagnards armés de fusils, faisant partie d'un cordon qui venoit d'être tiré, pour empêcher le passage du bétail. On avoit appris qu'une épizootie terrible s'étoit déclarée depuis quelque temps, et exerçoit ses ravages dans les villages d'une vallée voisine, et l'on recouroit à la précaution usitée en pareil cas, dans le Faucigny, et qui consiste à intercepter toute communication avec les communes infectées. On ne laisse même pas passer les chiens, parce qu'ils peuvent avoir mangé des chairs d'animaux morts de la contagion et la répandre. Notre guide nous raconta qu'il avoit perdu, quelques années avant, un très beau chien qui l'accompagnoit et qu'on arrêta à l'un de ces postes. Il se refusa à retourner sur ses pas, pour le conduire à la maison et passa outre, bien sûr que son chien le suivroit, dès qu'il le verroit un peu loin. L'animal franchit le poste en effet, quelques momens après ; mais un coup de fusil l'étendit roide mort.

CHAPITRE XXIX.

Vallée de Chamouni, *Description, État ancien, Premiers voyageurs qui l'ont visitée.*

Je n'ai jusqu'à présent considéré la vallée de Chamouni que comme le lieu du rendez-vous d'un grand nombre d'étrangers qui viennent annuellement y apporter le tribut de leur admiration pour les merveilles dont elle est le centre ; mais elle mérite, sous d'autres rapports, d'exciter la curiosité. Ses productions naturelles, son industrie, les relations commerciales qui l'unissent aux pays voisins, les mœurs, les usages de ses habitans, etc., sont autant d'objets faits pour intéresser les observateurs, et sur lesquels les gens du monde ne liront même pas sans plaisir quelques détails. Tout, dans les contrées montagneuses, a une physionomie qui leur est propre et qui frappe malgré lui l'homme habitué aux jouissances et à la vie tumultueuse des grandes cités. Sans partager l'exaltation sentimentale des faiseurs de romans, qui placent exclusivement dans les montagnes le parfait bonheur, les mœurs patriarchales et la réunion de toutes les vertus, on ne peut s'empêcher de convenir que les hommes qui y vivent, ont une simplicité de besoins, de desirs et d'habitudes, qui les rapproche de l'état de nature ; qu'en général leurs passions sont douces, et que, principalement dans les lieux où la fréquentation des voyageurs n'a pas apporté des mœurs étrangères, ils ont des qualités précieuses, qu'on trouve bien plus rarement ailleurs. Hélas ! cette antique simplicité s'éloigne tous les jours davantage de la belle vallée de Chamouni. Les vieux montagnards en conviennent, et ceux qu'une longue absence en a tenus éloignés, s'étonnent à leur retour, des progrès d'une civilisation funeste, qui n'ajoute rien aux douceurs et aux commodités de la vie, qu'aux dépens des véritables biens, l'indépendance et la tranquillité.

La vallée de Chamouni a environ 19 kilomètres et demi (cinq lieues) de longueur, sur une largeur inégale. Elle renferme plusieurs villages et hameaux qui dépendoient jadis des trois paroisses des Ouches, d'Argentière et du Prieuré. Aujourd'hui Chamouni est le chef-lieu d'un canton composé des communes de Chamouni, des Ouches, de Servoz et de Vallorsine. Sa population est de 1925 individus, et celle du canton tout entier, de 4207. D'après ses premières observations, M. Desaussure avoit cru pouvoir fixer la hauteur de ce bourg à 656^m 82 (337 toises) au-dessus du lac de Genève (1). Plus tard il la jugea de 662^m 67 (340 toises) (2); enfin, par des observations plus nombreuses, elle s'est trou-

---

(1) Voyages dans les Alpes, §. 517.
(2) Ibid. §. 738.

vée de 676^m 31 (347 toises) (1), par conséquent de 1040^m 78 (534 toises) au-dessus du niveau de la mer. C'est à l'extrémité de la vallée, au pied de la montagne de Balme, que l'Arve (2) prend sa source. Elle se grossit avant d'arriver au Prieuré, des eaux qui découlent des glaciers du Tour et d'Argentière et de celles de l'Arveiron. Son cours, jusqu'à son embouchure dans le Rhône, est d'environ 78 kilomètres (vingt lieues).

Des auteurs ont prétendu que Chamouni portoit autrefois le nom de *Campus Mocritum*, et étoit comme Sallanches, Magland, etc. une des principales cités du pays des *Acitavones* (3).

---

(1) *Voyages dans les Alpes*. Table des mat.

(2) Le mot *Arve* est celtique, et signifie rivière. *Arven*, *Arvon*, eau, ruisseau, rivière. On appelle aussi *Arve* ou *Arvan*, une autre petite rivière de la Maurienne.

(3) Voyez dans l'ouvrage de M. Albanis-Beaumont, le développement de cette opinion. Les *Acitavones* ne sont connus que par les éditions et quelques manuscrits de Pline. Ce-

Quoi qu'il en soit, il est certain qu'une route romaine, celle dont j'ai parlé plus haut (1), côtoyoit les bords de l'Arve, et passoit auprès de Chamouni. On voit, par les anciennes chartes, que dans le onzième siècle, ce bourg existoit sous le nom de *Campus Munitus*, et dépendoit du comté de Genevois. C'est à cette époque qu'a été fondé le Prieuré de Bénédictins, qui sert encore à le désigner, et que le chapitre de Sallanches a fait réunir à sa mense capitulaire.

La manière dont l'entrée de la vallée de Chamouni a été ouverte aux étrangers, est ordinairement l'objet des pre-

---

pendant le pays que ce peuple auroit occupé, est précisément celui que Strabon, et dans d'autres endroits, Pline lui-même assignent aux *Centrones*. Les commentateurs ont donc pensé que c'est par une altération du texte qu'on a lu *Acitavones*, au lieu de *Centrones*. Cette conjecture s'est trouvée confirmée par le manuscrit de Pline, que possédoit la famille Chifflet, de Besançon.

(1) Page 177.

miers entretiens que l'on a avec son guide, quand on y arrive. Voici le précis de cette histoire que l'on trouve racontée dans tous les livres qui ont été écrits sur cette partie des Alpes. Personne n'avoit encore pénétré dans cette vallée qui n'étoit connue que par ses cristaux, son miel et son lin, que les habitans apportoient à Genève, et par les préjugés accrédités chez les gens du peuple; quand, en 1741, deux Anglais établis momentanément à Genève, le célèbre voyageur Pococke (1) et M. Windham, formèrent le projet d'aller à la découverte de ces terres inconnues. M. Pococke prit les précautions dont sans doute il avoit coutume d'user dans les déserts de l'orient, et ces messieurs, accompagnés de plusieurs domestiques, tous armés.

---

(1) *Pocoke's Description of the East, and some other countries*. London, 1743-1745, 2 tom. en 3 vol. in-fol., fig. M. de la Flotte en a donné, sous le voile de l'anonyme, une traduction en 7 vol. in-12. Paris, 1772-1773.

jusqu'aux dents, et de chevaux chargés de bagages, se mirent en campagne, et arrivèrent le premier jour à Sallanches, où ils passèrent la nuit, en plein air, sous des tentes, montant la garde auprès du camp. Le lendemain ils prirent des guides sur la route, arrivèrent dans la vallée, et dressèrent leurs tentes auprès du Prieuré, sur les bords de l'Arve, se tenant sur leurs gardes, de peur de surprise. La solennité de leur entrée, et les mesures qu'ils croyoient devoir prendre pour leur sureté, ne tardèrent pas à répandre l'alarme chez les habitans. Le curé les aborda, et après s'être informé d'eux, du but de leur voyage, il les engagea à passer au Prieuré, où ils furent bientôt convaincus de l'inutilité de leurs précautions. Quand ils se furent reposés, ils parcoururent une partie de la vallée. Le jour suivant ils visitèrent la source de l'Arveiron et montèrent au Montanvert. La mer de glace leur fit l'effet *du lac de Genève, agité par un violent vent du nord et gelé subitement* (1).

Extrêmement satisfaits de leur expédition, de la manière hospitalière dont ils avoient été accueillis, et des phénomènes nouveaux pour eux qu'ils avoient observés, Mrs Pococke et Windham en firent à Genève, des récits qui engagèrent plusieurs personnes à suivre leurs traces, l'année suivante. Enfin les détails de ces divers voyages furent consignés dans une relation qui parut dans le mercure Suisse (2) et dont M. Baulacre, savant bibliothécaire de Genève, étoit l'auteur.

Pendant les vingt à vingt-cinq premières années qui suivirent le voyage de MM. Pococke et Windham, Chamouni ne fut visité que par un petit nombre d'étrangers. De loin en loin, quelques Anglais s'y rendoient et logeoient au Prieuré. M. Desaussure y fit sa première apparition en 1760, et n'y trouva pas d'auberge. M. Bourrit

---

(1) Relation, *Mercure Suisse*.
(2) Mai et juin 1743.

le suivit quelques années plus tard (1). Leurs voyages, les travaux de M. Desaussure, les ouvrages que publia bientôt après M. Bourrit, réveillèrent à Genève l'attention qu'avoient excitée les premières expéditions. Les Genevois, et les nombreux étrangers qui fréquentent leur ville, prirent la route de la vallée. Leurs récits, les notions qu'ils répandirent dans le reste de l'Europe sur les beautés naturelles de ces montagnes, y attirèrent de tous côtés de nouveaux voyageurs, et le Gouvernement favorisa cette affluence par de belles routes. Des auberges vastes et commodes s'établirent à Chamouni, et il est des années où elles suffisent à peine pour recevoir tous les étrangers ; enfin l'état de guide devint celui d'un grand nombre de montagnards.

---

(1) Son premier voyage parut en 1773, et fut bientôt suivi de plusieurs autres volumes, dont les éditions se multiplièrent. M. Desaussure et M. Bourrit sont les deux bienfaiteurs de la vallée de Chamouni.

Ce concours prodigieux de voyageurs, riches pour la plupart, et regardant peu à la dépense, répand annuellement beaucoup de numéraire dans la vallée de Chamouni. Les auberges y sont infiniment mieux montées que plusieurs de celles des grandes villes, et ce n'est pas un des moindres sujets de surprise dans ce voyage, que de se voir traiter au milieu des montagnes de la Savoie, mieux et plus délicatement que dans la plupart des auberges de Lyon et de Genève.

CHAPITRE XXX.

Vallée de Chamouni, suite. *Mœurs, Usages, Caractère des habitans, Agriculture.*

La facilité avec laquelle les habitans de Chamouni gagnent de l'argent dans la belle saison, l'habitude où ils sont de mettre un haut prix au plus léger service, a dû nécessairement apporter beaucoup de changement dans leur manière de vivre et de sentir, et dans leur caractère primitif. Ils ont contracté les défauts que fait naître l'avidité du gain, et ne craignent pas d'employer des moyens honteux pour attirer à eux l'argent des voyageurs. Une femme d'un village voisin, qui, à notre descente du glacier des Buissons, sur lequel nous avions souffert du froid, nous présentoit de l'eau-de-vie, *pour nous rafraîchir*, disoit-elle, ayant eu occasion de faire une commission pour nous, chercha à se faire payer deux fois, en demandant à l'un de nous qui revenoit d'un autre côté, un salaire qui déjà lui avoit été payé. Des guides inexpérimentés, et qui ne méritent aucune confiance, tentent, en se faisant passer pour d'autres dont les noms sont connus, de surprendre la bonne foi des voyageurs, et vont au-devant d'eux jusqu'à Cluse et même la Bonneville, pour se faire arrêter d'avance. Le luxe a fait aussi des progrès parmi ces habitans. Ils sont mieux habillés que par le passé, et mettent du prix, les femmes surtout, à des babioles coûteuses dont ils se parent. Enfin, l'on prétend que les mœurs se ressentent de cette dégénération, et que déjà les devoirs de la religion sont moins scrupuleusement remplis. J'ai pu juger de ce dernier progrès le jour de notre départ qui se trouvoit être le dimanche, par ce que me répondit une jeune femme du village des Praz d'Ayaz, à laquelle je disois que si elle ne se pressoit pas, elle n'arriveroit pas au Prieuré à temps pour entendre la messe : *Bah, Bah*, me dit-elle, *j'arriverai toujours assez tôt pour sortir de l'église avec les autres :* réponse qui excita le rire de quelques femmes qui l'accompagnoient.

L'oisiveté dans laquelle beaucoup de Chamouniards passent les mois les plus froids de l'année, produit chez eux ses effets ordinaires. Ils vont au cabaret et jouent. Quelques-uns, non contens de perdre l'argent dont ils peuvent dis-

poser, font comme les joueurs des grandes villes, et perdent leurs terres et leurs maisons. A cette avidité près, ils ont les qualités que l'on reconnoît aux habitans de la Savoie. Ils sont laborieux, intelligens, et d'une inviolable fidélité envers les étrangers, qui peuvent parcourir sans crainte, les lieux les moins fréquentés des montagnes. Il est à remarquer que l'amour de l'argent n'éteint pas chez eux la bienfaisance et les vertus hospitalières. Les orphelins et les vieillards sont entretenus et nourris chez les habitans, à tour de rôle ; et si un pauvre laboureur, chargé de famille, éprouve des malheurs dans sa petite propriété ou dans sa récolte, ses voisins, et même la Communauté toute entière, viennent à son secours et le tirent d'affaires. Enfin, pour achever de caractériser les Chamouniards, je citerai ce que dit M. Desaussure, de leurs facultés intellectuelles :
« Leur esprit est vif, pénétrant, leur caractère gai, enclin à la raillerie ; ils saisissent avec une finesse singulière

les ridicules des étrangers, et ils les contrefont entre eux de la manière la plus plaisante; cependant ils réfléchissent beaucoup. Plusieurs d'entre eux m'ont attaqué sur la religion, sur la métaphysique, non point comme professant un culte différent du leur, mais sur des questions générales qui prouvoient des idées à eux, et indépendantes de celles qu'on leur inculque. »

Les travaux ordinaires de la campagne sont presque entièrement le partage des femmes. Elles fauchent et récoltent. Les hommes ne se sont exclusivement réservé que la recherche des cristaux, la conduite des étrangers et la chasse. La première de ces occupations n'appartient plus guères qu'à quelques guides et qu'aux marchands naturalistes ; mais le goût de la chasse est presque général, et un sujet continuel de terreur pour les familles. Ce goût, qui, dans nos plaines, devient quelquefois une véritable passion chez ceux qui s'y livrent, est une espèce de fureur chez l'habitant de ces montagnes, où la chasse n'est presque jamais sans danger, et où le mérite de la victoire est en raison des difficultés et des fatigues qu'elle coûte. On frémit en songeant aux dangers auxquels s'expose le chasseur qui poursuit les animaux les plus agiles, le bouquetin et le chamois, sur les pentes et les arrêtes de glaces, les abîmes recouverts de neige, et sur des rocs presque inaccessibles, exposé aux avalanches, et passant les nuits couché sur la pierre, dans des lieux où pas une nuit n'est sans gelée, et où l'eau du ciel ne tombe presque jamais qu'à l'état de neige. On ne peut lire, sans un intérêt mêlé d'effroi, les détails que donnent les voyageurs dans les Alpes, sur cette fureur désastreuse. M. Desaussure a connu un de ces chasseurs, jeune homme d'une force et d'une vigueur étonnantes, qui lui disoit : *Mon grand-père est mort à la chasse. Mon père y est mort, et je suis si persuadé que j'y mourrai, que ce sac que vous me voyez, Monsieur, et que je porte à la chasse, je l'appelle mon drap mortuaire, parce que je suis sûr que je n'en aurai jamais d'autre. Et pourtant, si vous m'offriez de faire ma fortune, à condition de renoncer à la chasse au chamois, je n'y renoncerois pas.* Deux ans après, sa femme, jeune et belle veuve, pleuroit sa mort. Que de pauvres veuves déplorent ainsi, dans les Alpes, la perte de leurs époux, morts dans les précipices. Aussi, dès qu'un chasseur de chamois est sorti de chez lui pour se livrer à ce funeste exercice, sa femme tombe dans de mortelles alarmes, et n'ose pas même s'endormir, dans la crainte de le revoir en songe; car, dit le même savant, c'est une opinion reçue dans le pays, que quand un homme a péri, ou dans les glaces, ou sur quelque rocher ignoré, il revient de nuit apparoître à la personne qui lui étoit la plus chère, pour lui dire où est son corps, et pour la prier de lui faire rendre les derniers devoirs.

Il résulte de cette ardeur pour la chasse, si générale dans ces montagnes, que le nombre des animaux que l'on y poursuit, y est considérablement diminué. Déjà l'on n'y voit plus de bouquetins que de loin en loin; les chamois commencent à y être rares; et les marmottes mêmes, animal paisible, dont la chasse n'est ni pénible, ni dangereuse, puisqu'on les prend dans la terre, tout endormies, sont beaucoup moins communes que par le passé (1).

Il n'y a pas long-temps que les mérinos ont été introduits dans la vallée de Chamouni, par le guide Jacques Balmat, auquel la Société impériale d'agriculture du Département de la Seine a décerné une médaille, dans une de ses dernières séances publiques. Ils continuent à y prospérer, et déjà on y

---

(1) Voyez les intéressans détails que donne, sur cette chasse et sur ces animaux eux-mêmes, M. le Docteur Prunelle, dans ses *Recherches sur les phénomènes et sur les causes du sommeil hivernal de quelques mammifères*, premier mémoire. *Annales du Muséum d'histoire naturelle*, IXe année; VIIe et VIIIe cahiers.

compte un certain nombre de bêtes améliorées. En général, l'agriculture de la vallée est bonne etraisonnée. On y met les terres alternativement en prés et en champs. La quantité de bétail, que d'immenses pâturages permettent d'entretenir, fournit des fumiers qui procurent de bonnes récoltes. Les denrées que produit la vallée le plus abondamment, sont du chanvre dont on fait des toiles qui s'exportent, et vont se vendre aux marchés de Sallanches ; du lin, que son excellente qualité fait rechercher, et des pommes de terre, qui font, à l'état de pain, ou en nature, la principale nourriture des habitans. Dans le haut de la vallée, où le froid dure bien plus long-temps que dans le bas, la lenteur de la fonte de la neige ne laisseroit pas la terre découverte pendant un espace de temps suffisant pour que les graines pussent y mûrir, si les cultivateurs n'avoient imaginé un moyen d'accélérer cette fonte. Ce moyen, qui s'emploie vers le commencement du printemps, et qui avance de quinze jours à trois semaines le moment des semailles, consiste à répandre sur la neige une terre noire qui, en absorbant les rayons du soleil, la pénètre insensiblement, et finit par la faire disparoître tout à fait. Il dépose en faveur de l'esprit observateur et réfléchi de ces montagnards qui, sans doute, en l'imaginant, n'avoient pas connoissance des belles expériences de M. Franklin, sur l'absorption du calorique par les corps colorés, en raison directe de l'intensité de leur couleur (1). Ils conservent leurs récoltes dans de petits bâtimens qu'ils appellent *Regards*, entièrement séparés des maisons, pour les mettre à l'abri des rats et des incendies. Ces greniers sont construits d'épais madriers de bois de mélèze, soutenus par des piliers à environ un mètre au-dessus du sol.

---

(1) M. Desaussure étoit parvenu aux mêmes résultats que Franklin, par une suite d'expériences qu'il a consignées dans sa dissertation sur le feu, publiée en 1759.

CHAPITRE XXXI.

Vallée de Chamouni, suite. *Forêts, Abeilles, Mulets, Commerce, Monnoie courante.*

Les forêts sont assez nombreuses dans la vallée et sur le penchant des sommités qui l'entourent, pour que le bois se soit conservé à très vil prix. Elles sont sur les hauteurs, en essences de sapins et de mélèzes ; et dans les bas, ces arbres sont entremêlés de chênes, hêtres, frênes, etc. On ménage scrupuleusement celles qui défendent les villages contre les fureurs des avalanches ; mais les habitans, pour la modique somme de 16 sous de Piémont (1), qu'ils paient annuellement au Gouver-

---

(1) Environ 96 centimes. Comme on ne compte dans la vallée qu'en argent de Piémont, je donnerai plus bas son rapport avec l'argent de France.

riement, ont la faculté d'aller chercher, pour leur usage, tout le bois mort qui se trouve dans ces forêts, et il s'y en rencontre une quantité bien supérieure à la consommation. Les bois de charpente sont également à un prix très modique.

Le miel de la vallée de Chamouni jouit d'une très grande réputation, et s'exporte au loin. Beaucoup de voyageurs en emportent avec eux, ou s'en font expédier. Ce miel est en effet blanc, ferme et de très bon goût ; mais les petits barils de sapin, dans lesquels on le renferme pour le vendre ou l'expédier, lui font contracter une saveur résineuse désagréable. Peut-être doit-il aussi une partie de cette saveur aux arbres résineux qui garnissent ces montagnes. Au total, il est de très bonne qualité ; mais je serois tenté de croire que les personnes qui l'exaltent au-dessus des miels les plus estimés, ont à se reprocher un peu d'engouement et de prévention. Il a été examiné devant moi, par plusieurs personnes, concurremment avec des miels du centre de la France et de ses provinces méridionales, et n'a pu soutenir la comparaison. Peut-être pris dans la ruche, et avant d'avoir séjourné dans les barillets de sapin qui me paroissent le dénaturer, a-t-il en effet toutes les qualités dont on le loue.

J'ai entendu vanter l'intelligence avec laquelle les habitans de la vallée gouvernent leurs abeilles ; j'ai même lu des écrits très estimables d'ailleurs, dans lesquels on fait l'éloge de leurs procédés, en les proposant à imiter aux autres pays que leur position rend favorables à ces insectes. J'avoue que je n'ai trouvé, dans la manière dont ils opèrent, aucune pratique qui leur soit absolument particulière. La ruche de Chamouni est comme celle de plusieurs autres parties des Alpes, et comme celle du Jura, une boîte carrée, formée de quatre planches et recouverte d'un fond mobile, assujetti avec une pierre. Les habitans qui veulent se livrer à cette spéculation, vont, en avril, acheter des essaims dans les basses vallées où ils les obtiennent à meilleur marché. Ceux qui ont été recueillis dans la vallée de Chamouni, sont fort chers. Le prix d'une bonne ruche, en 1810, a été de 30 à 42 fr. argent de France, suivant sa force, parce que l'année d'avant, les abeilles contrariées par les vents, avoient peu essaimé. Elles coûtent ordinairement de 24 à 30 francs. Dans le premier mois du printemps, suivant la température, on transporte les ruches, à dos d'homme, sur les beaux côteaux du village de Passy, où ensuite de la chaleur produite par l'exposition et le resserrement du vallon, les fleurs sont précoces et abondantes; et on les y laisse séjourner jusqu'à ce que les neiges de la vallée de Chamouni soient totalement fondues; alors on les rapporte à demeure. Vers la fin de septembre, les propriétaires de ruches font la récolte du miel, de la manière barbare et désastreuse dont on l'exécute encore malheureusement dans beaucoup d'autres endroits. Ils tuent les abeilles par la vapeur du soufre, et prennent tout ce que contient la ruche. Les essaims de l'année, ou les ruches trop foibles pour donner de grands produits, sont réservés pour la reproduction de l'année suivante, et placés jusqu'au printemps, dans des chambres hautes, froides et sèches, que l'on tient soigneusement fermées.

Ces ruches rendent ordinairement de six à huit pots de miel d'un kilogr. (deux livres) l'un. On en voit quelquefois qui en contiennent jusqu'à dix pots, mais rarement. Il n'y a rien de particulier dans la manière dont on prépare le miel à Chamouni, pour le mettre en état de vente. Le prix de la cire et celui du miel varient suivant l'abondance de ces matières. La cire s'est vendue, en 1810, quarante sous de Piémont les cinq hectogrammes et demi (la livre de dix-huit onces), et le miel trente-six, ce qui est excessif; mais il est des années où ces prix sont de moitié moins élevés. Les barillets, dans lesquels on expédie le miel, en contiennent 2 kil. (quatre livres.)

Plusieurs habitans de cette vallée et des vallées voisines, se livrent encore avec avantage à l'éducation des mulets. Cette spéculation rapporte, quand elle réussit, de très gros bénéfices, la race des mulets du Faucigny étant particulièrement estimée et très recherchée en Italie et en Espagne. Ceux qui se proposent de l'entreprendre, vont en juillet et août acheter dans les foires de Taninge et de Sallanches, des jeunes mulets de l'âge de six mois, qu'ils appellent *tétons*, et qu'ils nourrissent pendant deux ans. L'été, ils les envoient dans les pâturages des montagnes, et ils les hivernent chez des laboureurs qui, pour la somme de quarante francs, nourrissent ces animaux, depuis leur sortie du pâturage jusqu'au printemps. Le prix des petits mulets de six mois est de trois à six louis. Les mulets de trois à quatre ans, tout formés et parvenus à leur croissance, se vendent de quinze à quarante louis, suivant leur force et la beauté de leurs formes.

La vallée de Chamouni fait un commerce d'exportation assez considérable. Les principaux objets que ses habitans conduisent dans les foires ou expédient, consistent en lin, chanvre, mulets, bêtes à cornes, moutons, miel, beurre, fromages, gros draps, toiles, etc. On n'y compte qu'en louis d'or ou en argent de Piémont. Voici le rapport courant de cet argent avec celui de France.

Le louis d'or compte pour vingt livres huit sous de Piémont ; ainsi l'écu de six livres tournois valoit cinq livres deux sous, et la livre tournois dix-sept sous.

La livre de Piémont compte pour une livre quatre sous tournois, et l'écu de six livres de Piémont, pour sept livres quatre sous. Aujourd'hui ce même écu ne vaut plus que six francs quatre-vingt-dix-huit centimes.

CHAPITRE XXXII.

Vallée de Chamouni, suite. *Noms des guides, Insectologie, Botanique, Hauteurs des montagnes principales.*

Pour atteindre, autant qu'il est en moi, le but d'utilité que je me suis proposé, en publiant la relation de mon voyage, je dois, avant de quitter la vallée de Chamouni, compléter la série des notions que j'ai données sur elle, par la désignation des guides auxquels les étrangers peuvent accorder leur confiance, pour en être conduits, soit sur les montagnes qui bordent la route, soit dans celles de la vallée même. Il ne me reste rien à ajouter aux détails que j'ai donnés successivement sur la minéralogie de ces contrées, mais je terminerai ce chapitre par quelques indications qui ne seront pas sans utilité pour les personnes qui cultivent la botanique et l'insectologie, et par la hauteur des montagnes principales, depuis Genève, jusqu'à Martigny.

Guides pour les montagnes des environs de Sallanches et Saint-Martin (1).

André Berthelet, à Saint-Martin.
Marie Chenet, aubergiste audit lieu.
Joseph Joli, à Sallanches.
Marie Vesin, audit lieu.

Pour le Buet et les montagnes des environs de Servoz.

Marie Deville au hameau du Mont, excellent guide, dont il a déjà été question (2). Il connoît parfaitement toutes les montagnes de la chaîne, et quoique trop âgé pour continuer l'état de guide, il sera très utile aux

---

(1) J'ai suivi pour cette désignation les listes de l'Itinéraire de M. J. P. Pictet.
(2) Voyez pag. 198 et suiv.

voyageurs par ses indications. Il a été pendant plusieurs années, occupé à ramasser des échantillons pour messieurs Exchaquet, Struve, etc.

Jean-Claude Deville } ses deux fils.
Bernard Deville

André Deville son parent.

Joseph-Marie Deschamps, aubergiste à Servoz, qui possède une collection de minéralogie.

A Vallorsine, pour les environs.
Joseph-Marie Chamel.
Jacques Claret.

Dans la Vallée de Chamouni.

Jacques Balmat, dit *le Mont-Blanc,* aux Pelerins, un des guides de M. Desaussure. Il est arrivé le premier sur le Mont-Blanc, avec le docteur Paccard.

Jacques Balmat, dit *des Dames,* au Prieuré, guide de M. Desaussure, qu'il a accompagné au Mont-Blanc.

Jean-Michel Balmat, son neveu.

Pierre Balmat, au Barraz, guide de M. Desaussure.

Pierre Cachat, dit *l'Aiguille*, au Praz, guide de M. Desaussure.

Jean-Michel Cachat, dit *le Géant*, aux Plans. Ce guide de M. Desaussure connoît bien les hauteurs exactes des principaux lieux, et loue des mulets.

Jean-Michel Cachat
Pierre Cachat } ses fils.

Pierre-Victor Charlet, à Argentière.

Victor Charlet, au Prieuré.

Marie Coutet, aux Favrans, guide de M. Desaussure.

Jean-Jacques Coutet, à la Frasse.

Simon Coutet, à Montcuart.

Jacques Cupelin, audit lieu.

Victor Desalioux, de. . . . . . .

Jean-Louis Devouassou, dit *le Professeur*, guide de M. Desaussure.

Jean-Bap. Lombard, dit *le Grand-Jorasse*, guide de M. Desaussure.

Jacques Paccard (1), au Prieuré.

───────────────

(1) Michel et François Paccard, du Prieuré, anciens guides de M. Desaussure, sont trop âgés pour continuer cet état.

Nicolas Paccard, audit lieu.

David Payot, au Praz d'Avaz ; ce guide est marchand naturaliste (1).

Marie - Gabriël Payot, à Montcuart.

Pierre-Marie Payot, audit lieu.

...... *Ravanel* de ....

Jean-François Simon, dit *des Dames*, audit lieu (2).

Jean-Pierre Simon, audit lieu.

Jean-Baptiste Simon, audit lieu.

Jean-Pierre Terraz, fils de l'aubergiste Terraz, au Prieuré.

Michel Terraz, idem.

Victor Terraz, idem.

Tissai, fils de Victor *le Chamois*.

Joseph Tissai.

---

(1) Voyez page 309.

(2) Fils, ainsi que les deux suivans, de Jean Simon, dit l'*Ambassadeur*, parce qu'il fit le voyage de Rome pour y rechercher une bulle qui existoit en faveur de la commune de Chamouni, contre les prétentions du chapitre de Sallanches. Il fut présenté au Pape Ganganelli, et réussit dans sa mission.

Alexis Tournier, dit *l'Oiseau*, guide de M. Desaussure.

M. le professeur Jurine, qui saisit toutes les occasions de rendre ses grandes connoissances utiles aux sciences et aux personnes qui les cultivent, a bien voulu se charger de rédiger, pour être inséré dans un des derniers ouvrages de M. Bourrit (1), le catalogue des insectes rares qu'il a trouvés dans la vallée de Chamouni, et sur les montagnes qui l'environnent. Il a divisé méthodiquement ce catalogue, et a joint au nom de chaque insecte, ceux du lieu où on le rencontre, et de l'auteur qui l'a dénommé ou décrit. Les notes et observations qu'il y a ajoutées, le rendent du plus grand intérêt pour les amateurs de l'insectologie. J'aurois désiré, pour leur utilité, pouvoir insérer ici ce travail tout entier ; mais M.r Jurine ayant cherché à le rendre complet, il est volumineux, et quoiqu'il

---

(1) Description des cols ou passages des Alpes.

ne renferme que les noms des insectes les plus rares, il occupe plus de trente pages. Le grand nombre de ceux qui y sont dénommés auroit droit de surprendre, si on ne réfléchissoit que tous les climats du globe sont réunis dans ces montagnes; aussi y trouve-t-on les insectes de la Suède et de la Laponie, à côté de ceux qui habitent l'Italie et les pays chauds.

Les époques de l'année les plus favorables pour chasser aux insectes, sont les mois de juin, juillet et août. M. Jurine conseille d'y employer, pour les hyménoptères et les diptères surtout, la grande coiffe à papillons, et observe que si l'on veut faire d'abondantes récoltes en lépidoptères, aux environs de Chamouni, il faut courir les montagnes calcaires, du commencement de juin à la fin de juillet, réservant les montagnes primitives pour la fin d'août (1).

M. le professeur Necker-Desaussure

───────────────

(1) *Suprà.* Note de la page 72.

a également enrichi l'ouvrage de M. Bourrit, du catalogue des plantes les plus rares qu'il ait trouvées dans ces montagnes pendant le cours de l'année qui précéda la publication du livre. En puisant dans ce catalogue, et extrayant de l'ouvrage de M. Desaussure, et de l'Itinéraire de M. J.-P. Pictet, les noms des plantes qui y sont indiquées, j'offrirai aux botanistes la notice la plus nombreuse (1) qui ait encore été publiée sur la flore de la vallée de Chamouni.

SUR LA ROUTE DE LA BONNEVILLE ET CLUSE À SALLANCHES.

Ajuga genevensis.
Epilobium Dodonaei, ALL.
Euphorbia falcata, dans les champs.
Geum rivale.
Hippophaë rhamnoïdes.

---

(1) J'ai enrichi cette notice du nom de plusieurs plantes, dont l'indication m'a été fournie par M. le docteur Bounder, de Dijon, botaniste fort instruit, qui a herborisé avec fruit dans ces contrées.

Plantago media spicis ramosis.
Tamarix germanica.
Tozzia alpina, le Brezon et Saxonnet (1).

DE SALLANCHES A CHAMOUNI.

Alchemilla alpina, Servoz.
Astrantia alpina, aux Montées.
Circaea alpina, idem.
Epilobium alpinum, idem.
Tetragonum, Servoz.
Primula farinosa, idem.
Rhododendron ferrugineum, après le pont Pélissier.
Salvia glutinosa, par le Foully (2).
Saxifraga cotyledon, aux Montées.
Silene rupestris, Servoz.
Spiraea aruncus.
Trollius europaeus.
Veronica latifolia, par le Foully.

---

(1) Voyez l'indication de cette route, pag. 120 et suiv.

(2) Voyez l'indication de cette route, page 208.

DANS LA VALLÉE.

Antirrhinum alpinum, aux bords de l'Arve.
Papaver alpinum.
Pyrola minor, les bois.
P. *rotundifolia*, idem.
P. *secunda*, idem.
P. *uniflora*, idem.
Tussilago alpina.
Vaccinium myrtillus, les bois.
V. *oxicoccos*, idem.
V. *uliginosum*, idem.
Vitis idaea, idem.

A LA SOURCE DE L'ARVEIRON.

Circaea alpina, les bois, le long de l'Arve.
Epilobium Dodonaei.
Saxifraga aspera.
S. *autumnalis.*
S. *brioydes.*
S. *stellaris.*
Sempervivum arachnoïdeum.

AU MONTANVERT ET SUR LES BORDS DE LA MER DE GLACE.

Achillea moschata, Montanvert.

A. macrophylla, dans la forêt de sapins, en montant.

A. Genipi, Montanvert.

Arenaria grandiflora, idem.

Arnica montana, sur toute la partie du Montanvert.

Les Chamouniards s'en servent en guise de tabac à fumer.

Astrantia alpina, dans la forêt.

Azalea procumbens, Mer de glace.

Buplevrum stellatum, Montanvert.

Bartsia alpina, idem.

Campanula barbata, idem.

Cardamine bellidifolia, idem.

Chrysanthemum alpinum, idem.

Cnicus spinosissimus, idem.

Chrysosplenium alternifolium, dans la forêt en montant.

Empetrum nigrum, au bord de la Mer de glace.

Erinus alpinus, Montanvert.

Euphrasia officinalis, varietas minima flore luteo, dans la forêt.

Geum montanum, au bord de la Mer de glace.

Imperatoria ostruthium, Montan-vert.

Juncus trifidus, idem.
Pedicularis rostrata, idem.
Phleum alpinum, idem.
Pinus cembra, idem. Sur les pentes en descendant au glacier.
Phyteuma hemisphaerica, idem.
Potentilla aurea, idem.
Rumex digynus, idem.
Saxifraga bryoïdes, idem.
S. *cuneïfolia*, idem.
S. *multiflora*, idem.
S. *rotundifolia*, dans la forêt.
Soldanella alpina, Montanvert.
Trifolium alpinum, idem.
Tussilago alpina, dans la forêt.
Vaccinium myrtillus, idem.
V. *oxycoccos*, idem.
Veronica alpina, Montanvert.
V. *aphylla*, idem.
Viola biflora, idem.
V. *cenisia*, idem.

AU BREVEN.

Acrostichum septentrionale, au pied de la montagne.
Aira montana, à Pliampra.
Ajuga pyramidalis, près du Couloir.
Arnica scorpioïdes.
Artemisia rupestris.
Anemone narcissiflora, Pliampra.
Buplevrum stellatum.
Cnicus spinosissimus.
Cherleria sedoïdes.
Carex fœtida.
Festuca pumila.
Gallium rotundifolium, bois de sapins, sous le Breven.
Gentiana asclepiadea.
Hieracium intyhaceum.
Hypericum pulchrum, rochers sous Pliampra.
Juncus spicatus.
J. Trifidus.
Laserpitium hirsutum.
Potentilla grandiflora.

Rumex digynus.
Saxifraga aspera.
Scleranthus perennis.
Sedum saxatile.
Senecio alpinus.
S.   incanus, au sommet.
Valeriana celtica.
Veronica aphylla.
V.   bellidifolia.
V.   fruticulosa.

COL DE BALME.

Astragalus montanus.
Carex juncifolia.
C.   Bellardi.
C.   Prostrata.
Cherleria sedoïdes.
Chrysanthemum alpinum.
Cnicus spinosissimus.
Erigeron alpinum.
Gentiana acaulis.
G.   Nivalis.
G.   Purpurea.
Juncus alpinus.
J.   Jacquini.
J.   luteus.

J.   *spicatus.*
J.   *Trifidus.*
Pedicularis rostrata.
P.   *verticillata.*
Phyteuma hemisphaerica.
Polygonum viviparum.
Ranunculus glacialis.
R.   *nivalis.*
Salix herbacea.
Senecio incanus.
Sempervivum arachnoïdeum.
Serratula alpina, au bord du lac.
Trifolium alpinum.
Veronica alpina.
V.   *aphylla.*
V.   *bellidioïdes.*
V.   *saxatilis.*
Viola grandiflora.

Hauteurs des principales sommités, de Genève à Martigny, au-dessus du niveau de la mer.

	T	M
Les Voirons.	706	1376 01
Le Môle.	948	1847 68
L'Aiguille de Varens.	1388	2705 26
La croix du Bonhomme.	1255	2446 04
Le Montanvert.	954	1859 38
L'Aiguille du Dru.	1956	3812 31
Le plan du Talèfre.	1334	2600 01
Le Jardin ou Courtil.	1414	2755 93
L'Aiguille du Midi.	2009	3915 61
Son pied.	1368	2666 28
Le Cramont.	1402	2732 54
Le pied de l'Aig. de Blaitière	1332	2596 11
Le pied de l'Aiguille du Plan	1316	2564 93
Le col du Géant.	1763	3436 15
L'Aiguille du Géant.	2174	4237 20
L'Aiguille d'Argentière.	1902	3707 06
Le col de la Seigne.	1263	2461 63
Le col de Balme.	1181	2301 81
Le Breven.	1306	2545 44
Le Buet.	1578	3075 57
La montagne de la Côte.	1319	2570 77
Le Mont-Blanc.	2450	4775 13

CHAPITRE XXXIII.

Province de Faucigny, *Etat ancien, Description, Hommes illustres, Mœurs, Usages, Caractère des Faucignerans, Langage.*

La partie de la Savoie que l'on parcourt depuis Genève jusqu'à Chamouni, appartient toute entière à l'ancien Faucigny, et n'est pas la portion la moins intéressante de cette province, sur laquelle je consignerai ici quelques particularités qui acheveront de la faire connoître.

Le Faucigny qui forme aujourd'hui presque tout l'arrondissement de la Bonneville, étoit composé, avant la réunion de la Savoie à la France, de soixante et dix-sept paroisses, dont la population excédoit 58,000 ames. Sur 132,300 hect. (441,000 journaux (1))

---

(1) J'ai pris pour base de la réduction, le

qui constituoient sa surface, on comptoit plus de 30,000 hectares (100,000 journaux) en montagnes, glaciers, rivières ou torrens. Il étoit confiné par le Genevois, la Tarantaise et le Vallais, et avoit une étendue de 70 kilomètres (dix-huit lieues), du nord au sud, et de 43 kilomètres (onze lieues), de l'est à l'ouest. Des géographes, dont quelques-uns sont des autorités respectables (1), ont placé dans le Faucigny, ou tout auprès, à l'entrée du Piémont, l'ancien peuple des Alpes, qui portoit le nom de *Focunates*. Je laisse aux érudits à discuter cette opinion aujourd'hui contestée (2). Quoi qu'il en soit, il paroît par les chartes, que cette province et le village du même nom s'appeloient autrefois *Fulciginacum*, *Focigniacum*, et

---

journal de Savoie, de 400 toises carrées, faisant 29 ares 96 centiares.

(1) Delisle, d'Anville, le P. Monet, etc.

(2) Voyez les ouvrages de MM. Albanis-Beaumont et Grillet, que j'ai cités plusieurs fois.

en Français, *Faussigny*, *Faucigny*, *Fusciney*. Le Faucigny portoit le titre de Baronnie, et a été gouverné longtemps par des Seigneurs particuliers. Enfin, dans le quinzième siècle, après plusieurs guerres sanglantes dont il fut l'objet entre la maison de Savoie, les Dauphins Viennois et les Comtes de Genevois, sa souveraineté demeura sans partage à la première qui, jusqu'en 1792, n'a pas cessé d'en jouir paisiblement.

La province de Faucigny n'est à peu près composée que de vallées plus ou moins considérables. La principale est celle que nous avons parcourue, et que l'Arve arrose dans toute sa longueur qui est d'environ 78 kilomètres (vingt lieues). Celle de Taninge qui vient après, est riche et fertile. Sa longueur est de 31 kilomètres (huit lieues) ; elle est arrosée par le Giffre, torrent très poissonneux, qui descend du Buet, et qui se jette dans l'Arve au-dessous du pont de Marigny. Outre ces deux principales vallées, le Faucigny est coupé transversalement par plusieurs vallons dans lesquels se trouvent des villes et de gros bourgs très-peuplés, et dont les habitans sont industrieux et jouissent, en général, d'une certaine aisance, à laquelle contribuent la fertilité de leurs terres et l'abondance de leurs pâturages. Les principales villes du Faucigny, la Bonneville, Cluse et Sallanches, étant placées sur la route que j'ai suivie, j'en ai fait mention successivement avec détail; mais il en est d'autres qui méritent d'être citées. De ce nombre sont Mégève, gros bourg, où l'on fabrique des dentelles; Samoëns, une des communes les plus étendues de l'ancienne Savoie; Taninge, où l'on fabriquoit jadis des faux d'une excellente qualité (1); Sixt, célèbre par son abbaye, etc. etc.

_____

(1) Des écrivains étrangers ont cru que le Faucigny s'appeloit *Falciniacum*, à cause de la quantité de faux et de faucilles que Taninge expédioit de tous côtés. Il est plus naturel de

Le commerce des Faucignerans consistoit en bestiaux, pelleteries, cuirs, beurre, fromages, chanvre, lin, miel, kirschwasser, etc. Leurs montagnes renferment des mines de plomb, cuivre, fer, houille, etc. dont plusieurs ont été exploitées. Je n'ai fait qu'indiquer très sommairement, et en passant, quelques-unes de celles qui font partie de la concession des mines dites de *Servoz* et de *Saint-Gervais*; mais dans un savant rapport qui a servi de base à la nouvelle société qui s'est formée pour leur exploitation, M. Héricart de Thury, Ingénieur en chef au corps impérial des mines, a fourni les détails les plus circonstanciés sur l'état actuel des travaux, sur les moyens de les reprendre utilement, les fonderies et usines qui existent en ce moment, enfin, sur les espérances que doivent faire naître le nombre et la richesse

---

penser que ce nom est dérivé de *Fauces, Gorges, Vallées*, à cause de celles dont cette province est remplie.

des filons, l'abondance des combustibles, etc. On voit par un autre rapport fort intéressant, que le même Ingénieur en chef a fait à S. Ex. le Ministre de l'intérieur, que la vallée de Sixt renferme beaucoup de mines de fer d'une excellente qualité. La facilité de leur exploitation, les belles forêts de hêtres et de sapins qui garnissent les pentes des montagnes, des eaux vives dont le cours n'est jamais interrompu, le bas prix de la main d'œuvre, les bâtimens de l'Abbaye qui subsistent encore, les débouchés nombreux des divers produits, tout concourtà favoriser l'établissement de plusieurs usines dans cette vallée, et à fixer les regards des capitalistes.

Le Faucigny est redevable à M. le professeur Tingry, de Genève (1), d'une industrie dont l'origine remonte à l'année 1775, et qui, avant la guerre, étoit exercée par deux familles dont l'une vient de la reprendre. En par-

---

(1) *Suprà* pag. 16, 49 *et suiv.*, 155 *et suiv.*

courant la partie de cette province qui sépare le Vallais de la Tarentaise, ce savant reconnut, dans les montagnes schisteuses qui sont adossées aux montagnes primitives, et sur un espace d'environ 8 myriamètres (vingt lieues), des efflorescences de sulfate de magnésie qu'il eut l'idée de recueillir. Ses premiers essais ayant complétement réussi, il forma des ouvriers, les plaça dans les environs de Sallanches, de Sixt et d'Annecy, sur les points où les efflorescences étoient les plus abondantes et les plus riches en sel, et continua, jusqu'à la guerre, à leur payer, au prix de 1 fr. 80 cent. le demi-kilogramme, tout le sulfate de magnésie que produisit leur exploitation. J'ai déjà cité le mémoire que M. Tingry a publié sur cette découverte, dans le recueil de ceux de l'Académie de Turin. Cette Société lui décerna, à cette occasion, une médaille d'or d'environ 300 fr.

L'instruction publique n'étoit pas négligée dans cette province. Les langues anciennes et les connoissances nécessaires aux commerçans, étoient enseignées dans plusieurs colléges fondés, soit par les habitans réunis d'une seule commune, soit par des dotations particulières. Ces établissemens ont ouvert la carrière des lettres et des sciences à des hommes qui ont honoré leur patrie, et qui tiennent un rang distingué dans l'histoire littéraire de la Savoie (1). Je citerai parmi les plus célèbres, M. le Cardinal Gerdil, de Samoëns, auteur d'un grand nombre d'ouvrages sur la métaphysique, la morale, etc. mort à Rome en 1802, et qui, dans le dernier conclave, a réuni des voix pour le trône pontifical (2); l'Évêque de Genève, J. P.

---

(1) J'en ai indiqué quelques-uns aux articles Sallanches, La Bonneville et Cluse.

(2). La commune de Samoëns a élevé, en l'honneur du Cardinal Gerdil et de son respectable compatriote, l'Évêque de Genève, J. P. Biord, deux monumens chargés d'inscriptions qui sont placés dans son église collégiale.

Ce Cardinal étoit en si grande vénération en

Biord, né comme le Cardinal Gerdil, à Samoëns, prélat vénérable, connu par plusieurs ouvrages et par sa correspondance avec Voltaire; Guill. Fichet, du village de Crêt, un des plus savans professeurs de l'Université de Paris, et Recteur sous Louis XI (1). Le premier, il conçut le dessein d'établir l'imprimerie à Paris (2), et de concert avec le Prieur de Sorbonne, il y attira

---

Italie, qu'ayant logé, en passant par Milan, dans le collége de Saint-Barnabé, première maison de l'ordre des Barnabites, ces religieux consacrèrent cette époque par un monument en marbre, sur lequel ils placèrent son buste, avec une inscription.

Il lui a été érigé dans l'église de Saint-Charles des Catinari, de Rome, un mausolée en marbre, sur lequel on voit son buste et une inscription composée par le P. Fontana.

(1) Voyez, sur cet illustre Savoisien, et sur les éminens services qu'il a rendus aux lettres, l'*Origine de l'Imprimerie de Paris*, Moreri, Niceron et les Dictionnaires historiques.

(2) *Origine de l'Imprimerie de Paris*, chapitre 2.

les imprimeurs M.ⁱⁿ Crantz, Ulrich Gering et Mich. Friburger.

Les Faucignerans sont en général d'une haute stature. Un grand nombre d'entre eux font de la chasse une de leurs principales occupations. Ils passent pour le plus instruit de tous les peuples de la Savoie, et savent presque tous lire, écrire et compter. Ils ont conservé certaines coutumes de leurs ancêtres. Celle qui est connue sous les noms d'*arbailles* et de *comparailles*, consiste à visiter les nouvelles accouchées et à leur faire des présens en pain, volaille et laitage. L'usage de faire des feux le soir de la Saint-Jean, existe aussi dans ces montagnes; et à cette occasion, les bergers et les bergères s'envoient réciproquement des cadeaux de fromage et de lait.

C'est une observation constante, que le plus ou le moins de vivacité dans les habitudes de la vie, tient beaucoup à la nature des occupations auxquelles on est livré. Cependant, cette remarque appliquée au langage, ne me paroît pas aussi généralement justifiée par l'expérience, qu'on l'a prétendu nouvellement (1), au sujet des différens patois qui sont en usage dans la Savoie. On croit avoir observé que dans les cantons où les labours et les transports s'exécutent par des bœufs, la démarche et même le langage des habitans sont infiniment plus lents que dans d'autres parties où ces travaux sont livrés aux chevaux ou aux mulets. La question, pour être décidée, exigeroit un plus long examen et une suite de rapprochemens qui ne devroient point être faits dans une seule province. Je dirai seulement en passant, que dans la vallée de Chamouni, on laboure partout avec des vaches; et que cependant, contre l'opinion que je viens d'indiquer, les habitans de ses divers villages ne s'expriment pas tous du même mouvement. Il en est effectivement qui traînent leur pro-

---

(1) La Statistique et l'Annuaire du département du Mont-Blanc.

nonciation en nasillant ; mais d'autres, comme les habitans du Prieuré, parlent d'une manière assez rapide.

Le patois du Faucigny n'est pas uniformément le même dans toutes les communes. Il est composé d'un grand nombre de mots tirés du vieux français ; d'autres, d'origine italienne ; d'autres enfin qui appartenoient à la langue celtique. C'est même de tous les patois de la Savoie, celui qui a conservé le plus de mots de cette dernière langue. Des terminaisons telles que *as* et *oz*, s'appliquent à des mots qui, dans notre langue, finissent par une voyelle. Par la soustraction de ces terminaisons, ces mots cessent d'appartenir au patois. Ainsi, *Servoz* est appelé *Serve* dans plusieurs relations ; le guide Deville (1) est nommé *Devillaz* par ses compatriotes, etc. Ces terminaisons, et les mots étrangers qui composent en partie ce patois, en

___

(1) Du village du Mont, dont il a été question plusieurs fois.

font un langage doux et sonore, mais absolument inintelligible pour les personnes qui n'y sont point initiées (1).

---

(1) Il est à desirer que les renseignemens qui ont été demandés par Son Excellence le Ministre de l'Intérieur, à MM. les Préfets, sur les différens patois des départemens, lui soient fournis, ainsi que les échantillons de vers et de prose, qu'il leur a témoigné le desir de recevoir. La réunion de tous ces matériaux offriroit de grandes ressources, pour remonter à l'origine de beaucoup de mots de la langue nationale, et peut-être même jeteroit un grand jour sur des points indécis de notre histoire. Déjà, pour les divers patois des Alpes, on trouve des renseignemens précieux dans l'excellent ouvrage intitulé : *Statistique du département du Mont-Blanc*. L'auteur, M. Verneilh, ancien Préfet de ce département, a donné, en quatre patois différens, la Parabole de l'*Enfant prodigue*, qui avoit été indiquée par le Ministre, comme ne contenant que des idées familières, et par cette raison, propre à être donnée pour exemple. M. J. J. Champollion-Figeac, bibliothécaire de Grenoble, et professeur de littérature grecque, à l'Académie impériale de cette ville, ayant été chargé par M. le Préfet de l'Isère, de satisfaire aux desirs du

CHAPITRE XXXIV.

Conseils aux voyageurs qui se proposent de visiter les glaciers.

JE laisserois cet ouvrage incomplet, si je ne le rendois aussi utile qu'il peut l'être à ceux qui se proposent de visiter la vallée de Chamouni, en ajoutant ici quelques avis qu'il leur importera également de suivre, soit qu'ils veuillent parcourir ces montagnes sous le rapport de l'histoire naturelle, soit qu'ils y soient attirés par de simples motifs de curiosité. La vallée est fréquentée par des personnes de tout âge; mais surtout par des jeunes-gens qui, pleins de confiance dans leur vigueur,

---

Ministre, a donné la même parabole en trois différens patois des Hautes-Alpes, dans l'ouvrage intéressant qu'il a publié sous le titre de *Nouvelles Recherches sur les patois de la France*. Paris, Goujon, 1809, in-12.

transportés de l'ardeur de voir, du désir d'acquérir des connoissances nouvelles, ou de s'approprier des objets curieux qui se présentent à leurs yeux, se refusent à écouter les conseils des guides prudens qui les accompagnent, et s'exposent à d'horribles dangers sur des précipices dont la seule vue les feroit frémir s'ils étoient de sang froid. Il est à remarquer que c'est parmi les jeunes-gens que l'on trouve le plus de victimes de cette espèce d'entraînement presque irrésistible pour certains caractères ; mais contre lequel il faut se prémunir d'avance de toute la force de son esprit.

On pense assez généralement que le voyage des glaciers est très dispendieux. Beaucoup de personnes mêmes qui l'ont fait, en ont rapporté cette opinion, et ont contribué à l'accréditer, parce qu'en effet, lorsqu'on n'a pas été conseillé avant son départ, il est plusieurs dépenses auxquelles on s'est vu forcé, et dont on eût pu éviter une partie. Il résulte de cette prévention, que des personnes, dont les moyens de fortune sont bornés, se refusent un voyage qui seroit pour elles une source de nouvelles jouissances, ou dont elles retireroient de l'instruction. Je donnerai ici quelques détails qui serviront à rectifier leurs idées à cet égard.

La manière la plus économique de voyager, est de le faire en char-à-banc, voiture légère, qu'un seul cheval traîne sans fatigue, et qui passe partout. Les dépenses partagées cessent d'être onéreuses, et l'on fera bien de se réunir à quelques amis, pour faire voiture complette. La route étant très belle jusqu'à Sallanches, on y arrivera le premier jour, sans partir de trop grand matin, et c'est là qu'on fera ses dispositions pour la continuation de son voyage, suivant la direction qu'on aura en vue de lui donner. Si l'on se rend en ligne droite à Chamouni, on y arrivera de très bonne heure le lendemain. On peut fort bien jusques là se passer de guides, en ayant soin de prendre du monde à Servoz, pour démonter le char-à-banc au pont Pélissier, et en passer les pièces de l'autre côté de l'Arve.

Je recommanderai ici l'hôtel d'Angleterre, tenu jadis par Madame Couteran, et aujourd'hui par son fils. C'est dans cette auberge que logeoient M.rs Desaussure et Bourrit. On connoît la réponse que fit Madame Couteran au prince Poniatowski, neveu du Roi de Pologne, qui arrivoit à pied chez elle et qui lui demandoit s'il y seroit reçu : *Sans doute*, lui dit-elle, *je serois fâchée que vous pussiez croire qu'un voyageur à pied et sans suite, fût moins bien reçu qu'un voyageur à cheval.*

Le prix des guides est de trois à six francs par course ou par jour, si les courses sont prolongées. Il est des promenades pour lesquelles on peut, à la rigueur, se dispenser de prendre des guides à son compte, quand on est seul, parce que dans la saison des voyages, il part continuellement des caravanes escortées de guides, que l'on peut suivre, ou auxquelles on peut s'associer.

Je terminerai cet ouvrage dans lequel je me suis attaché à réunir le plus grand nombre qu'il m'a été possible, d'indications utiles ou intéressantes, par les excellens conseils que M. le professeur A. Pictet a mis à la suite de sa relation de l'accident arrivé à M. Eschen, sur le glacier du Buet (1).

Voici, dit ce savant, ce que dicte la prudence :

« Qu'il y a fort peu de mérite et de gloire à exposer sa vie pour des prouesses, dans lesquelles le danseur de corde le plus ordinaire l'emportera toujours sur le voyageur qui aura prétendu faire preuve de bonne tête ou d'agilité dans des tours de force plus ou moins périlleux. »

« Qu'il ne faut point entreprendre de parcourir les montagnes, sans être conduit par un guide robuste, prudent et expérimenté. Rien de plus trompeur, de plus traître, que ces fa-

(1) *Bibliothèque britannique*, tome 14.ᵉ V.ᵉ année, an VIII.

cilités vues de loin, ces passages apparens, dans lesquels on s'engage peu à peu, sans songer que si l'on est finalement arrêté par la crainte, ou par l'impossibilité d'aller plus loin ; cette même crainte double la difficulté de la retraite, parce qu'elle ôte le sang froid nécessaire pour se tirer des mauvais pas. Il est possible ; et je l'ai plus d'une fois éprouvé, de retrouver en partie ce sang froid, en se prescrivant de ne regarder que devant soi, et en cherchant à se figurer, par un effort d'imagination, qu'on est simplement dans un grand chemin, et qu'on marche de pierre en pierre, ou le long du talus d'une haie, pour éviter de se mouiller les pieds. »

« Enfin, il faut donner aux avertissemens du guide la confiance la plus implicite. Une grande responsabilité pèse sur un homme de cette classe, quand il s'est chargé d'un voyageur. Un accident qui arriveroit par sa faute détruiroit sa réputation, et de cette réputation dépend son état. Les guides sont donc intéressés par l'un des premiers motifs humains, à donner de bons conseils, et le voyageur doit y adhérer. »

« De ces précautions, que je pourrois appeler morales, je passe aux physiques. »

« La plus essentielle de toutes, est une chaussure convenable. On rencontre dans les Alpes, trois sortes de pentes difficiles; les rochers, les pentes de glaces, et celles d'herbes, qui deviennent plus glissantes que la glace même, quand la semelle du soulier s'est polie, comme cela arrive toujours en les parcourant. L'usage des crampons, soit aux talons, comme les prescrit Desaussure, soit en travers sous le pied, comme les emploient quelques montagnards, assure jusqu'à un certain point la marche, dans ces diverses pentes; mais il faut les ôter fréquemment, parce qu'ils gênent plus ou moins la démarche, et c'est là un assez grand inconvénient. Je me suis si bien trouvé de l'invention que je leur ai substituée, que je n'hésite point à la recommander aux amateurs. »

« On se fera faire de forts souliers, dont la semelle ait au moins treize millimètres (6 lignes) d'épaisseur, dont l'empeigne et le quartier soient doublés à une certaine hauteur autour de la semelle. Il faut que l'empeigne soit d'un cuir souple, et sur-tout qu'ils ne blessent nulle part, et qu'ils aient été déjà portés par essai, dans de petites courses, lorsqu'on voudra en entreprendre une considérable. On fera préparer des cloux d'acier trempé, dont la queue soit à vis, et dont la tête, qui ne doit pas avoir moins d'un centimètre (4 lignes $\frac{1}{2}$) de diamètre, soit taillée en une pyramide quarrée, qui se trouve avoir deux pointes par l'effet de l'entaille pratiquée à l'ordinaire à la tête de la vis. On mettra douze de ces cloux à chaque soulier ; savoir, sept autour de la plante du pied, répartis à distances égales, dans la moitié antérieure de la semelle, et cinq autour du talon, tous aussi près du bord du soulier qu'il sera possible, en laissant la prise nécessaire pour que le cuir n'échappe pas. On garnira l'intervalle d'un clou à l'autre, de clous ordinaires en fer, à tête large et assez serrés pour que leurs têtes se touchent toutes.

« Cette chaussure donne au voyageur qui en est pourvu, le sentiment d'une sureté parfaite dans tous les lieux difficiles. Elle mord sur le granit comme sur l'herbe. Elle n'incommode pas dans la plaine et se conserve long-temps. Quand les têtes aciérées se sont émoussées, on en est quitte pour en substituer d'autres qu'on doit avoir en provision. Les premiers souliers de ce genre, que j'ai fait faire il y a plus de douze ans, et employés assez souvent dans cet intervalle, se sont trouvés encore d'un très bon service, cette année. »

« Un bâton ferré, de cinq à six pieds de long, est utile sur les glaciers, soit pour sonder les neiges perfides qui recouvrent des crevasses, soit pour assurer la marche sur la glace vive. On trouve à Chamouni ces bâtons tout préparés par les guides. »

« Lorsqu'on est appelé à monter

long-temps, c'est un fort mauvais calcul que de vouloir presser la marche. On s'échauffe, on s'essoufle, et le repos plus long qu'on espère ainsi se procurer, ne profite point. Il faut mettre le guide devant, et prendre son pas qui est mesuré et comme cadencé, s'arrêter de temps en temps sans s'asseoir et sans se donner le temps de prendre froid. On monte de ce train environ deux cents toises de hauteur perpendiculaire par heure, et c'est assez. Il faut ôter son habit dès que la transpiration commence, et le porter plié sur l'épaule. On modère ainsi la chaleur produite par la marche, et on retrouve, quand on s'arrête, le bénéfice d'un vêtement additionnel, sans en avoir eu l'incommodité ; et en parlant de vêtement, il est très essentiel, lorsqu'on part pour les glaciers, quelle que soit la chaleur qui règne dans la plaine, de se munir de précautions contre le froid dont on ne prévoit guères qu'on pourra être appelé à éprouver l'inconvénient. C'est surtout aux dames à qui je recommande cette attention. »

M. Pictet donne à la fin de cet article la description d'une ceinture à poche qu'il a imaginée, et qui offre aux amateurs de l'histoire naturelle minérale, la faculté de transporter, avec leurs instrumens, un poids assez considérable de pierres, sans se fatiguer beaucoup. Les personnes qui cultivent cette belle science, n'ont sans doute pas besoin que je leur rappelle l'utilité de *l'Agenda du Voyageur géologue* que Mr Desaussure a rédigé pour elles, et qu'il a inséré dans le quatrième volume de son immortel ouvrage. Il a été réimprimé à part avec quelques additions (1).

---

(1) On le trouve à Genève, chez Paschoud.

FIN.

TABLE
DES CHAPITRES.

INTRODUCTION. . . . . Page 1

CHAPITRE I.er GENÈVE, *Commerce, Industrie, Société pour l'avancement des arts, Instruction publique, Bibliothèque publique.* . 31

CHAP. II. GENÈVE, suite. *Savans illustres, Observatoire, Jardin de botanique, Collections d'histoire naturelle.* 41

CHAP. III. GENÈVE, suite. *Antiquités, Ecole publique de dessin, Dessinateurs, Peintres, Graveurs, Modèles en relief des montagnes.* . 54

CHAP. IV. GENÈVE, suite. *Édifices publics, Hôpital général, Hôtel de Ville, Église Saint-Pierre, Basses rues, Machine hydraulique, Promenades, Tour du Lac, Rhône, Arve, Roches que l'on trouve sur les bords du Lac.* 62

CHAP. V. GENÈVE, suite. *Agriculture,*

Mérinos, Bergeries de MM. Boissier, Pictet et Audéoud. . . . 73
CHAP. VI. GENÈVE, suite. *Caractère, Mœurs des habitans, Etat politique, Auberges, Domestiques de place, Départ pour Chamouni.* 82
CHAP. VII. CAROUGE, *son Etat ancien, son accroissement, Commerce et Industrie, Antiquités.* . . . 89
CHAP. VIII. CHÊNE-TONEX, *Terrain des environs de Genève, Aspects de la route,* ANNEMASSE, *Antiquités, Torrent de la Menoge,* NANGY, CONTAMINES, *Anecdote, Détails géologiques.* 95
CHAP. IX. LA BONNEVILLE, *Voie romaine, Hommes illustres, Détails géologiques, le* MÔLE, *le* BREZON, *Pont en pierre.* 106
CHAP. X. *Belle Vallée,* SIONGY, CLUSE, *Priviléges des habitans, Fête du Papegai.* 114
CHAP. XI. *Sites pittoresques, Calcaire coquiller, Caverne de Balme.* 128
CHAP. XII. *Mines de houille, Couches arquées, Belles Sources,* SI-

tes charmans, MAGLAND, Nant d'Arpenaz, Montagnes des deux rives de l'Arve. 138

CHAP. XIII. SAINT-MARTIN, Aspects du Mont-Blanc, SALLANCHES, son origine, Industrie, Commerce, Collége, Chapelle de la Vierge, Hommes illustres, Torrent, Beaux Aspects, SAINT-GERVAIS, Eaux minérales, Route nouvelle. . . . 149

CHAP. XIV. Aiguille de Varens, Pont sur l'Arve, Auberge de Saint-Martin, Album, Passage de S. M. l'Impératrice Josephine. 160

CHAP. XV. Continuation de la route, Inondations de l'Arve, Nant sauvage, PASSY, Antiquités, Voie romaine. 167

CHAP. XVI. CHÈDE, Ancienne ville, Cascade, Goîtres, Lac, Bel aspect du Mont-Blanc, Chute de l'Arve. 178

CHAP. XVII. Continuation de la route, Prétendu Volcan, Chute d'une montagne, Nature des blocs, Nant noir, Vallée de Servoz, Ancien Lac, le

Bouchet, *Torrent de la Diouza*. 187
Chap. XVIII. *Monument funèbre, Détails sur la mort de M. Eschen, Inscriptions, Mines de Servoz, etc. Bâtiment pour le traitement du minérai, M. Exschaquet, Reliefs du Mont-Blanc et du St. Gothard.* 196
Chap. XIX. *Double route, Ruines du Château de Saint-Michel, Pont Pélissier, Aspect sauvage, Détails géologiques, Mine de Vaudagne, Vallée étroite et sauvage, Aspect de la vallée de Chamouni.* . . 208
Chap. XX. *Entrée dans la vallée, Nant de Nayin, les* Ouches, *Torrent de la Gria, Torrent de Taconay, Torrent des Buissons, Glacier de ce nom, Belles sources sur la rive droite de l'Arve, Arrivée au* Prieuré, *Auberges, Nant des Prés, Rocher calcaire.* 217
Chap. XXI. *Détails sur le voyage de S. M. l'Impératrice Joséphine dans la Vallée, Course du glacier des Buissons, Route du Mont-Blanc,*

Hameau du MONT, *Colline gypseuse, Glacier de Taconay, Montagne de la Côte, Description du glacier des Buissons.* 230

CHAP. XXII. *Vue du Mont-Blanc au Prieuré, Histoire des tentatives faites pour parvenir à sa cime, Ascensions du Docteur Paccard et de M. Desaussure.* 241

CHAP. XXIII. *Course du Montanvert, Détails géologiques, Fontaine de Caillet, Fours à cristaux, Arrivée au sommet, Ouragan terrible.* 250

CHAP. XXIV. *Pavillon ou Hospice du Montanvert, Histoire de sa fondation, Mer de glace, Accident, Passage du bétail sur la glace, Passage en Piémont par la Mer de glace.* 261

CHAP. XXV. *Principales montagnes que l'on découvre du Montanvert, Vers de M. Delille, Descente par la pente de la Félia, Source de l'Arveiron, Accident affreux, Paillettes d'or du sable de l'Arveiron,*

Colline calcaire, Albinos, Pierre ollaire et Serpentine, Scierie pour le granit. 273
Chap. XXVI. *Mort de M. Escher, de Zurich, Albums ou registres du Montanvert et de l'Hôtel de Londres.* 288
Chap. XXVII. *Hôtel d'Angleterre, Album.* 296
Chap. XXVIII. *Marchands naturalistes, Départ de Chamouni, Épizootie, Moyens préservatifs.* . 304
Chap. XXIX. Vallée de Chamouni, *Description, Etat ancien, Premiers Voyageurs qui l'ont visitée.* . 313
Chap. XXX. Vallée de Chamouni, suite. *Mœurs, Usages, Caractère des habitans, Agriculture.* . . . 322
Chap. XXXI. Vallée de Chamouni, suite. *Forêts, Abeilles, Mulets, Commerce, Monnoie courante.* 332
Chap. XXXII. Vallée de Chamouni, suite. *Noms des Guides, Insectologie, Botanique, Hauteurs des montagnes principales.* 339
Chap. XXXIII. *Province de* Fauci-

gny, *Etat ancien, Description, Hommes illustres, Mœurs, Usages, Caractère des Faucignerans, Langage* 355
Chap. XXXIV. *Conseils aux Voyageurs qui se proposent de visiter les Glaciers*. 368

www.ingramcontent.com/pod-product-compliance
Lightning Source LLC
Chambersburg PA
CBHW060603170426
43201CB00009B/885